1 1年の復習①

合格点 80点

得点 点

解答 ➡ P.71

1 次の――線の漢字の読みがなを書きなさい。（4点×10）

(1) 風が吹き抜ける。

(2) 電車が混む。

(3) 冒険の旅に出る。

(4) 祖父を介護する。

(5) 七色の虹がかかる。

(6) 大きな振動を感じる。

(7) 稚魚を育てる。

(8) なだらかな山裾。

(9) 衣替えの季節。

(10) 木漏れ日が差し込む。

2 次の――線のカタカナを漢字に直しなさい。（6点×10）

(1) 山のイタダキに立つ。

(2) 畑の害虫をコロす。

(3) ヒミツを明かす。

(4) 内容をケントウする。

(5) 相手のアンピを尋ねる。
＊無事であるかどうか。

(6) サラアラいを手伝う。

(7) 小学校時代のオンシ。
＊教えを受けた先生のこと。

(8) オサナなじみの友人。

(9) 日本人がユウショウする。

(10) 今年もクれていく。

2　1年の復習②

合格点　80点
得点　　点
解答➡P.71

1

次の各組の□には、同じ音の漢字が入ります。それぞれ熟語になる漢字を、あとから選んで書きなさい。（3点×24）

(1) □良　□説　□晴　□覧

(2) □腸　□議　□産　推□

(3) □力　□囲　国□　故□

(4) □台　砂□　政□　伝□

(5) □来　□子　負□　了□

(6) 鉄□　農□　□献　□行

協　承　解　耕　胸　党　孝　胃
将　回　境　改　貢　快　障　郷
灯　鋼　移　傷　遺　糖　異　統

2

次の——線のカタカナを漢字に直し、□にあてはまる漢字をあとから選び、熟語を完成して書きなさい。（4点×7）

例　人類のキ□をさぐる。　［起源］

(1) 隣国とドウ□を結ぶ。

(2) コン□を乗り越える。

(3) 土が水分を□シュウする。

(4) 防犯タイ□を練る。

(5) 道路を□チョウする。

(6) この島は自然の□コだ。

(7) 父は八時にシュッ□する。

源　策　宝　勤
難　吸　盟　拡

3 1年の復習③

合格点 80点

得点　　　点

解答 ➡ P.71

1 次の——線の漢字の読みがなを書きなさい。（4点×10）

(1) 桜の**苗木**を植える。

(2) 教育に**関**わる仕事。

(3) 子供の**頃**を思い出す。

(4) **峠**の茶店で休む。

(5) 水が**汚染**される。

(6) **矛盾**を指摘する。

(7) 父に友人を**紹介**する。

(8) **光沢**のある紙。

(9) **擬人法**で表現する。

(10) **優劣**がつかない。

2 次の——線のカタカナを漢字に直しなさい。（6点×10）

(1) 火遊びは**アブ**ない。

(2) 雨戸を**ト**じる。

(3) 以下の案件は**ハブ**く。

(4) **ケイレツ**の会社に出向く。

(5) **コマ**かい指示を出す。

(6) 事態を**セイカン**する。

(7) 貧しい人に**ホドコ**しする。

(8) **ユウシュウ**の美を飾る。

(9) 生命の**ソンゲン**を考える。

(10) 僕の**タンニン**の先生。

4 1年の復習④

合格点 80点
得点 　点
解答 ➡ P.71

1

例にならって次の漢字を並べかえ、四字の熟語を完成させて、その読みがなを書きなさい。（5点×8）

例 二石鳥一 → 一石二鳥 〔いっせきにちょう〕

(1) 人色十十 → 〔　　〕
(2) 道都県府 → 〔　　〕
(3) 光石電火 → 〔　　〕
(4) 両一得挙 → 〔　　〕
(5) 心以伝心 → 〔　　〕
(6) 進日月歩 → 〔　　〕
(7) 口同音異 → 〔　　〕
(8) 入刀単直 → 〔　　〕

2

次の□にあてはまる漢字を中央の漢字群から選んで書き、二字熟語のループしりとりを完成しなさい。（4点×15）

心 → □ → 達 → □ → 長 → □ → 間 → □ → 着 → □ → 上 → □ → 星 → □ → 談 → □ → 題 → □ → 物 → □ → 積 → □ → 原 → □ → 理 → □ → 説 → □ → 白 → □ → 心

〔漢字群〕
成　陸　名　接
体　座　配　料
論　期　明　話
流　雪　熱

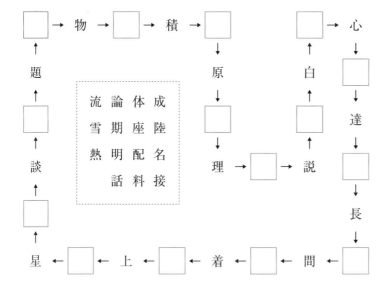

5 1年の復習⑤

合格点 80点

得点 点

解答 ➡ P.71

1 次の——線の漢字の読みがなを書きなさい。（4点×10）

(1) 気分が爽快だ。

(2) 比喩を使って詩を作る。

(3) 友達と交替する。

(4) 随筆を読む。

(5) 彼女はその道の権威だ。

(6) 五輪の招致活動。

(7) 短歌や俳句は韻文だ。

(8) 堅実な考えだ。

(9) 曖昧に答える。

(10) 白身魚は脂身が少ない。

2 次の——線のカタカナを漢字に直しなさい。（6点×10）

(1) 和楽器のソウシャになる。

(2) サッショウ事件が起きる。

(3) ノウハを調べる。

(4) ドウドウとした態度だ。

(5) ジュウオウに走り回る。

(6) テンカイの早い話だ。

(7) 土をモり上げる。

(8) カタテマではできない。

(9) 壁画のモシャをする。

(10) ハンチョウに選ばれる。

6 漢字の読み①

合格点 80点
得点 点

解答 ➡ P.71

1 次の――線の漢字の読みがなを書きなさい。（5点×10）

(1) 規制を**緩和**する。

(2) **濃縮**ジュースを飲む。

(3) 裁判の原告と**被告**。

(4) 一点を**凝視**する。
*じっと見つめること。

(5) **腎臓**は左右に一対ある。

(6) 多**忙**を極める。

(7) **霊峰**富士の美しい姿。

(8) 音楽会で**木琴**をたたく。

(9) 新しい技術を**駆使**する。

(10) 仕事を**依頼**する。

2 次の――線の漢字の読みがなを書きなさい。（5点×10）

(1) **芋**をごしごし洗う。

(2) ライオンの鋭い**牙**。

(3) **崖**の下の家。

(4) お寺の**鐘**が鳴る。

(5) 白い**貝殻**を拾う。

(6) 向こうが**透**けて見える。

(7) 山で**薪**を集める。

(8) **熊**が冬眠から覚める。

(9) 暑いので**日傘**をさす。

(10) **怪**しい人影。

7 漢字の読み②

合格点 80点
得点　　点
解答 ➡ P.71

1 次の——線の漢字の読みがなを書きなさい。（5点×10）

(1) 国民に還元する。
(2) 浪人の身の上となる。
(3) 恒例の行事に参加する。
(4) 自然保護を提唱する。
(5) 感動の余韻を味わう。
(6) 彼を会長に推薦する。
(7) 電話の相手は誰ですか。
(8) 脂肪分の多い食事。
(9) 架橋工事に従事する。
(10) 繁華な通りを歩く。

2 次の——線の漢字の読みがなを書きなさい。（5点×10）

(1) 暑さで果物が腐る。
(2) 名前を偽る。
(3) 五月晴れの空を仰ぐ。
(4) 相手の都合を伺う。
(5) 蓋を取り去る。
(6) 不意の来客に慌てる。
(7) 友人を欺いた。
＊だますこと。
(8) ゴールに至る道は遠い。
(9) こんこんと泉が湧く。
(10) 爽やかな高原の風。

8 漢字の書き①

合格点 80点
得点 点
解答 ➡ P.72

1 次の——線のカタカナを漢字に直しなさい。（5点×10）

(1) 作業のコウリツを高める。
(2) ドクジに調査を続ける。
(3) 体力のゲンカイをこえる。
(4) ウイルスにカンセンする。
(5) ジュケン勉強に没頭する。
(6) 国際連合にカメイする。
(7) シンセンな野菜のサラダ。
(8) 友人とコウロンになる。
＊言い争うこと。
(9) タイクツな一日を過ごす。
(10) シュウショク先が決まる。

2 次の——線のカタカナを漢字に直しなさい。（5点×10）

(1) 布団をホす。
(2) いちょうナミキが続く。
(3) スナ時計をひっくり返す。
(4) 心づかいが行きトドく。
(5) スコップでアナを掘る。
(6) カイコがさなぎになる。
(7) 勇気をフルい起こす。
(8) シオが満ちる。
＊満ち引きする海の水。
(9) 矢で的をイる。
(10) コメダワラを積む。

9 漢字の書き②

合格点 80点
得点 　点
解答 ➡ P.72

1 次の――線のカタカナを漢字に直しなさい。（5点×10）

(1) 花のキュウコンを植える。
(2) 夜空のセイザを見る。
(3) シツレイをわびる。
(4) 立候補をジタイする。
(5) 機械がコショウする。
(6) ゼッカイの孤島。 ＊陸地から遠くはなれたうみ。
(7) 日本人はキンベンだ。
(8) バンシュンの季節になる。 ＊はるの終わり頃。
(9) 頭の中がコンランする。
(10) ホケツに選ばれる。

2 次の――線のカタカナを漢字に直しなさい。（5点×10）

(1) 扉からハナれる。
(2) 人のナサけが身にしみる。
(3) 先生とはハダが合わない。
(4) 家をアけて旅に出る。
(5) 熱いシャワーをアびる。
(6) このアタりの家だ。
(7) 戦火の下を生きノびる。
(8) 父とは意見をコトにする。
(9) 不純物を取りノゾく。
(10) 証拠はアがっている。

10 部首・画数・筆順

合格点 80点

得点 点

解答 ➡ P.72

1

次の漢字の部首を□に書き、その部首と同じ意味を表す部首をもつ漢字を下から選んで［ ］に書きなさい。（3点×20）

	漢字	部首	漢字
例	吸	口	［告］
(1)	携	□	［ ］
(2)	慨	□	［ ］
(3)	縛	□	［ ］
(4)	較	□	［ ］
(5)	嫁	□	［ ］
(6)	刑	□	［ ］
(7)	焦	□	［ ］
(8)	碑	□	［ ］
(9)	訂	□	［ ］
(10)	猫	□	［ ］

分　紫　恋　献　誓　妥　磨　摩　載　炊

2

次の漢字で、赤字の部分は何画目に書きますか。また、総画数も書きなさい。（2点×20）

	漢字	何画目	総画数
(1)	過	［ 画目］	［ 画］
(2)	芽	［ 画目］	［ 画］
(3)	忙	［ 画目］	［ 画］
(4)	越	［ 画目］	［ 画］
(5)	密	［ 画目］	［ 画］
(6)	妥	［ 画目］	［ 画］
(7)	奇	［ 画目］	［ 画］
(8)	孤	［ 画目］	［ 画］
(9)	込	［ 画目］	［ 画］
(10)	超	［ 画目］	［ 画］

＊「辶」と「走」は部首の書く順が異なる。

11 複数の読み方をする漢字①

合格点 80点
得点 　点

解答 ➡ P.72

1 次の――線の漢字の読みがなを書きなさい。（4点×25）

(1)
A 鳥取県は**山陰**地方だ。
B **日陰**に入って休む。

(2)
A 一年間、**皆勤**した。
B **皆様**のおかげです。

(3)
A 名医が**執刀**する。
＊外科手術などをすること。
B 金銭に**執着**する。

(4)
A **粒子**の粗い画像。
B **飯粒**が口元につく。

(5)
A お姫様の住む**御殿**。
B **殿様**が城に入る。

(6)
A **地下茎**が伸びる。
B **歯茎**の治療をする。

(7)
A **全幅**の信頼を寄せる。
＊「幅いっぱい」ということで、最大限ということ。
B 道路の**横幅**を広げる。

(8)
A **扇子**を広げる。
B **扇形**の面積を求める。

(9)
A 大阪を**拠点**にする。
B 動かぬ**証拠**を見せる。

(10)
A この中は**空洞**だ。
B **洞穴**の中を探検する。
＊訓読みをする。

(11)
A 彼は**柔和**な人柄だ。
B **柔軟**な考え方をする。

(12)
A 新作を**披露**する。
B **露店**を見てまわる。
C **夜露**にぬれる。

12 同音異義語①

合格点 80点

得点　　点

解答➡P.72

1 次の□□にあてはまる、あとの〔　〕内の熟語と同じ読み方をする熟語(同音異義語)を書きなさい。（5点×9）

(1) 予防□□を受ける。〔摂取〕

(2) 優勝の□□をいただく。〔症状〕

(3) 大都市の□□に住む。〔均衡〕

(4) 心の□□に触れる。〔金銭〕＊読者などに感動を与えること。

(5) 物事を□□に処理する。〔花壇〕＊思い切ったことをする様子。

(6) 境内は□□な場所です。〔申請〕

(7) □□を忘れて研究する。〔浸食〕

(8) インテリアの□□植物。〔寛容〕

(9) □□を確実に身につける。〔起訴〕

2 次の——線のカタカナを漢字に直しなさい。（5点×11）

(1)
A 無線で**コウシン**する。
B **コウシン**を育てる。

(2)
A 選手が**ゲンリョウ**する。＊体重をへらすこと。
B 食材の**ゲンリョウ**。

(3)
A 病気の**カイホウ**祈願。
B **カイホウ**を発行する。＊会の知らせ。

(4)
A 文化の**キゲン**を調べる。＊ものごとの始まり。
B 賞味**キゲン**が切れる。

(5)
A 制服を**シンチョウ**する。＊あたらしくこしらえること。
B **シンチョウ**が伸びた。
C 意味**シンチョウ**な発言。＊「慎重」ではない。

13 同訓異字①

合格点 80点
得点 点

解答 ➡ P.72

1

次の□にあてはまる、あとの〔　〕内の漢字と同じ読み方をする漢字（同訓異字）を書きなさい。（5点×9）

(1) 友人を駅まで□る。〔贈る〕

(2) 赤ん坊が□える。〔越える〕

(3) 煮物に味を□ける。〔漬ける〕

(4) 勢力の拡大を□る。〔測る〕

(5) 午後八時で店を□める。〔占める〕

(6) ガラス片が□び散る。〔跳ぶ〕

(7) カタログを□り寄せる。〔捕る〕

(8) ようやく宿題が□んだ。〔澄む〕

(9) 他人の権利を□す。〔犯す〕

2

次の――線のカタカナを漢字に直しなさい。（5点×11）

(1)
A 友達をオいかける。
B 人はみなオいるものだ。

(2)
A 彼の会長の任をトく。
＊職や任務をやめさせること。
B 彼に人の道をトく。
＊よく話してわからせること。

(3)
A 父と将棋をサす。
B 顔に赤味がサす。

(4)
A ポスターがヤブれた。
B 試合にヤブれた。

(5)
A 酒をタつ。
＊□酒。
B 望みをタつ。
＊□望。
C 服地をタつ。

14 まとめテスト①

合格点 80点
得点 点

解答 ➡ P.72

1 次の——線の漢字の読みがなを書きなさい。（4点×10）

(1) 熊の曲芸を見る。

(2) プレゼントを贈る。

(3) 年老いた両親と暮らす。

(4) 夜間に露がおりる。

(5) さつま芋を掘る。

(6) 重要な証拠をつかむ。

(7) 多忙な日々を送る。

(8) 細かい砂の粒子。

(9) 柔軟な態度で臨む。

(10) 新しい手品を披露する。

2 次の——線のカタカナを漢字に直しなさい。（6点×10）

(1) 障子がヤブれる。

(2) 宅配便がトドく。

(3) 用事をスませる。

(4) 成功をオサめる。

(5) 日本語のキゲンを探る。

(6) 予防セッシュを受ける。

(7) シンセンな魚を食べる。

(8) 約束はムコウだ。

(9) 霊場はシンセイな場所だ。

(10) 発展のキソを築く。

15 漢字の読み③

合格点 80点
得点　　点
解答 ➡ P.73

1 次の――線の漢字の読みがなを書きなさい。（5点×10）

(1) 道路が**封鎖**される。
(2) テロが**勃発**する。
(3) **眉毛**の濃い顔。
(4) 盛岡に**赴任**する。
(5) **罵声**が飛ぶ。
＊大声で言う悪口。
(6) 親に**勘当**される。
(7) **誇大**広告には注意。
(8) **革袋**は丈夫だ。
(9) **束縛**されたくない。
(10) 兄が**雄弁**に語り出す。

2 次の――線の漢字の読みがなを書きなさい。（5点×10）

(1) **唐**の国の使者。
(2) 木の実を**蓄**える。
(3) 山菜を**採**る。
(4) 弟を**励**ます。
(5) ご**無沙汰**しました。
(6) 朝日に**匂**う山桜花。
(7) 本題を**棚上**げする。
＊問題の解決をあとに延ばすこと。
(8) 切手を**貼**る。
(9) **斜**めから見上げる。
(10) 飛ぶ鳥を**撃**ち落とす。

16 漢字の読み④

合格点 80点
得点 点
解答 ➡ P.73

1 次の――線の漢字の読みがなを書きなさい。（5点×10）

(1) 今は雌伏の時だ。［　］
＊力を養いつつ、活躍の時をじっと待つこと。
(2) 怒号が鳴り響く。［　］
(3) 映画の脚本を作成する。［　］
(4) 免税店で買い物をする。［　］
(5) 社会の秩序が大切だ。［　］
(6) 突然の出来事。［　］
(7) 飛行機に搭乗する。［　］
(8) 唯一無二の友人だ。［　］
(9) 弔問客の列が続く。［　］
(10) 歴史の変遷を考える。［　］

2 次の――線の漢字の読みがなを書きなさい。（5点×10）

(1) 嫌な顔ひとつしない人。［　］
(2) 霜柱が立つ。［　］
(3) 扱い方に注意しよう。［　］
(4) 宇宙に憧れる。［　］
(5) 害を被る。［　］
(6) 元に戻れない道。［　］
(7) 返答に詰まる。［　］
(8) 大股で歩き回る。［　］
(9) 窯から作品を出す。［　］
＊炭や陶器を中に入れて焼く設備。
(10) 寿退社をする。［　］

17 漢字の書き③

合格点 80点

得点　　点

解答 ➡ P.73

1 次の――線のカタカナを漢字に直しなさい。（5点×10）

(1) シャザイ会見を開く。

(2) カチカンが異なる。

(3) ガンケンな身体。

(4) 人工エイセイが飛ぶ。

(5) うわさがカクサンする。

(6) ザッシを買う。

(7) ソンザイ感が薄い。

(8) 早くショチしよう。

(9) 試合でフショウする。

(10) ジョウキで走る列車。

2 次の――線のカタカナを漢字に直しなさい。（5点×10）

(1) 都会でマヨう。

(2) 顔をソムける。

(3) 学問をキワめる。

(4) 果実がウれる。

＊「売れる」ではなく、食べ頃に実ること。

(5) 薬がよくキく。

(6) 人権をオカす。

(7) ワレらが母校。

(8) 列をトトノえる。

(9) 人家がタえる。

(10) 煮えユを飲ませる。

18 漢字の書き④

合格点 80点
得点　　点

解答 ➡ P.73

1 次の――線のカタカナを漢字に直しなさい。（5点×10）

(1) カンラン車に乗る。
(2) イチョウが強い人。
(3) ジュンシンなる子供。
(4) シテイ関係を結ぶ。
(5) ホウシンが定まる。
(6) 国のセイサクを立て直す。
(7) 外国をシサツする旅。
(8) ヨウサン業の農家。
*カイコを育てる。
(9) この項目はジョガイせよ。
(10) 人をヒハンするな。

2 次の――線のカタカナを漢字に直しなさい。（5点×10）

(1) ウラヤマが崩れた。
(2) ヤサしい問題を解く。
(3) タカラモノの箱。
(4) 毛糸をアむ。
(5) 仇《かたき》をウつ。
(6) ナカばあきれる。
(7) 歯がイタい。
(8) カい犬の世話をする。
(9) 町がサカえる。
(10) カキネを飛び越す。

19 漢字の分解と組み立て

合格点 80点
得点　　点

解答 ➡ P.73

1

例にならって、次の太字の漢字を（　）の数の漢字に分解し、書きなさい。（4点×6）

例 警察の**警**（2）→［敬＋言］
簡単の**簡**（3）→［竹＋門＋日］

(1) 摩擦の**摩**（2）→［　＋　］

(2) 超過の**超**（3）→［　＋　＋　］

(3) 急逝の**逝**（3）→［　＋　＋　］

(4) 騒動の**騒**（3）→［　＋　＋　］

(5) 窮地の**窮**（3）→［　＋　＋　］

(6) 霜柱の**霜**（3）→［　＋　＋　］

2

例にならって、分解した漢字を下のわくの中に収まるように組み立ててできる熟語を書きなさい。（6点×6）

例 舌 里 言 立 →［童話］

(1) 木 金 失 奉 →［　　］

(2) 自 口 心 土 →［　　］

(3) 侖 石 皮 言 →［　　］

(4) 木 欠 車 矛 →［　　］

(5) 目 民 垂 目 →［　　］

(6) 務 由 竹 雨 →［　　］

3

例にならって、それぞれの漢字の一部分を取りかえてできる別の漢字を書きなさい。（8点×5）

例 訂 順 序 →［訓・預・庁］

(1) 宵 湯 際 →［　・　・　］

(2) 坂 仏 揚 →［　・　・　］

(3) 裂 貸 仮 →［　・　・　］

(4) 滴 梅 故 →［　・　・　］

(5) 鉢 境 他 →［　・　・　］

熟語作り

合格点 80点
得点 　点

解答 ➡ P.73

1

次の各組の漢字をそれぞれ下の（　）の中の漢字と結びつけて熟語にし、その読みがなを書きなさい。（4点×14）

例 症・証（重・明）→〔じゅうしょう〕〔しょうめい〕
＊重症・証明。

(1) 左・佐（遷・補）→〔　　〕〔　　〕

(2) 担・胆（任・大）→〔　　〕〔　　〕

(3) 札・朴（改・素）→〔　　〕〔　　〕

(4) 昨・詐（取・日）→〔　　〕〔　　〕

(5) 墓・暮（色・所）→〔　　〕〔　　〕

(6) 墳・噴（火・古）→〔　　〕〔　　〕

(7) 致・至（一・急）→〔　　〕〔　　〕

2

例にならって、次の三つの漢字を分解し、二字の熟語を三つずつ作って書きなさい。（5点×4）

例 案・臭・忍→〔安心・大木・自刃〕

(1) 理・枯・姓→〔　・　・　〕

(2) 値・星・繕→〔　・　・　〕
＊亻は「人」にする。

(3) 汗・蚕・露→〔　・　・　〕
＊氵は「水」にする。

(4) 錯・明・証→〔　・　・　〕

3

次の意味を表す二字の熟語を、あとの漢字群の漢字を組み合わせて書きなさい。（8点×3）

(1) 本筋や一定の規範から、はずれていること。〔　　〕

(2) 公の場に呼び出して質問すること。〔　　〕

(3) 書物や雑誌・新聞などを調べたり読んだりすること。〔　　〕

喚　閲　逸　問　脱　越　覧　境

21 類義語①

合格点 80点

得点　　点

解答➡P.73

1 次の各組は、□に共通の一字が入る類義語です。〔 〕内のカタカナを漢字に直しなさい。（4点×10）

(1) □正＝□訂〔カイ〕

(2) □考＝□照〔サン〕

(3) □知＝□測〔ヨ〕

(4) □目＝条□〔コウ〕

(5) 願□＝希□〔ボウ〕

(6) 環□＝□遇〔キョウ〕

(7) □動＝□激〔カン〕

(8) 名□＝傑□〔サク〕

(9) 委□＝詳□〔サイ〕
*くわしい事情。

(10) □閲＝□察〔ケン〕

2 次の熟語の類義語を、あとの語群から選んで漢字に直して書きなさい。（6点×10）

(1) 思慮〔　　〕

(2) 他界〔　　〕

(3) 患者〔　　〕

(4) 進歩〔　　〕

(5) 覚悟〔　　〕

(6) 欠乏〔　　〕

(7) 注意〔　　〕

(8) 急所〔　　〕

(9) 没頭〔　　〕

(10) 見学〔　　〕

ふそく　ようてん　かんらん
しきょ　ようじん　ふんべつ
けっしん　こうじょう
せんしん　びょうにん

対義語①

合格点 80点

得点 点

解答➡P.74

1 次の各組は、□に共通の一字が入る対義語です。〔 〕内のカタカナを漢字に直しなさい。（4点×10）

(1) 否□ ↕ 肯□ 〔テイ〕

(2) 絶□ ↕ 相□ 〔タイ〕

(3) 整□ ↕ 雑□ 〔ゼン〕

(4) 悪□ ↕ 善□ 〔イ〕

(5) 合□ ↕ 独□ 〔ショウ〕

(6) 起□ ↕ 終□ 〔テン〕

(7) 受□ ↕ 能□ 〔ドウ〕

(8) 間□ ↕ 直□ 〔セツ〕

(9) 原□ ↕ 被□ 〔コク〕
＊裁判で使われる言葉。

(10) 受□ ↕ 送□ 〔シン〕
＊メールのやりとりでも使われる言葉。

2 次の――線の熟語の対義語を、あとの語群から選んで漢字に直して書きなさい。（6点×10）

(1) 人を束縛する。〔　〕

(2) 駅で解散する。〔　〕

(3) 時間を延長する。〔　〕

(4) 秩序ある社会。〔　〕

(5) 人工の池。〔　〕

(6) 保守的な考え。〔　〕

(7) ここは安全だ。〔　〕

(8) 会を脱退する。〔　〕

(9) 秘密練習をする。〔　〕

(10) 差別をなくす。〔　〕

きけん　しゅうごう　かにゅう
しぜん　こうかい　こんらん
かくしん　びょうどう
かいほう　たんしゅく

23 まとめテスト②

合格点 80点
得点 点

解答 ➡ P.74

1 次の——線の漢字の読みがなを書きなさい。（4点×10）

(1) **罵声**が飛び交う。

(2) 歴史の**変遷**をたどる。

(3) テロが**勃発**する。
＊突然起こること。

(4) **寿命**が縮む思いをする。

(5) 休日は**専**ら本を読む。

(6) **貼**り紙、お断り。

(7) 飛行機に**搭乗**する。

(8) **嫌悪**感を抱く。

(9) 地獄《じごく》の**沙汰**も金しだい
＊命令。指図。

(10) 自由を**束縛**する。

2 次の——線のカタカナを漢字に直しなさい。（6点×10）

(1) 校庭に**セイレツ**する。

(2) 思慮**フンベツ**がある。

(3) **エイセイ**放送で見る。

(4) **ザッシ**を購読する。

(5) 薬の**キ**き目が出る。

(6) 学力が**コウジョウ**する。

(7) **テア**みのセーター。

(8) 技術**カクシン**を目指す。

(9) **ワレワレ**の母校。

(10) **ユ**が冷める。

24 漢字の読み⑤

合格点 80点

得点 　　点

解答 ➡ P.74

1 次の——線の漢字の読みがなを書きなさい。（5点×10）

(1) 舞台で挨拶する。

(2) 精進して高僧になる。

(3) 麦芽を混ぜる。

(4) 早く支度しなさい。

(5) 様々な葛藤がある。
＊あれこれ悩むこと。

(6) プロの棋士との対局。

(7) 強引な誘い。

(8) 船が座礁する。
＊海中の岩などに乗り上げること。

(9) 父を畏敬してやまない。
＊おそれ敬うこと。

(10) 任務を遂行する。

2 次の——線の漢字の読みがなを書きなさい。（5点×10）

(1) 器の大きな人だ。

(2) 義務を怠る。

(3) 味を調える。

(4) 夜空を彩る花火。

(5) 時間が惜しい。

(6) 秘めたる決意。

(7) やかんで茶を沸かす。

(8) 犬の口の中を診る。

(9) 高温の炉で鋳る。

(10) 強く戒める。

25 漢字の読み⑥

合格点 80点
得点　　点
解答 ➡ P.74

1 次の――線の漢字の読みがなを書きなさい。（5点×10）

(1) 真紅のドレスで現れる。〔　　〕
(2) なんとも体裁が悪い。〔　　〕
(3) 責任者が総括する。〔　　〕
＊全体を一つにまとめること。
(4) 哀悼の意を表す。〔　　〕
＊人の死を悲しむこと。
(5) 軽率な行動。〔　　〕
(6) 含有物を調べる。〔　　〕
(7) 硬式テニスをする。〔　　〕
(8) 弾劾裁判が開かれる。〔　　〕
＊裁判官などを議会で裁く制度。
(9) 余儀なく欠席する。〔　　〕
＊「余儀なく」（仕方なく）で覚える。
(10) 全て楷書が望ましい。〔　　〕

2 次の――線の漢字の読みがなを書きなさい。（5点×10）

(1) 著しい医学の進歩。〔　　〕
(2) 支障を来す。〔　　〕
(3) 鮮魚を商う。〔　　〕
(4) 公共心が廃れる。〔　　〕
＊おとろえること。
(5) 操り方がうまい。〔　　〕
(6) 複雑な思いが籠もる。〔　　〕
(7) 身体を鍛える。〔　　〕
(8) 専門家に見解を諮る。〔　　〕
＊意見を聞くこと。
(9) 殴っても解決しない。〔　　〕
(10) 考え方が偏る。〔　　〕

26 漢字の書き⑤

合格点 80点
得点 点

解答 ➡ P.74

1 次の——線のカタカナを漢字に直しなさい。（5点×10）

(1) ニンイの同行を求める。

(2) シッカで焼け出される。
＊不注意による火事。

(3) 無罪をリッショウする。

(4) シュシャ選択する。

(5) インシュウにとらわれる。
＊昔から伝わる（よくない）習わし。

(6) それはエイダンだ。
＊すぐれた決断。

(7) ヒマンに悩む人は多い。

(8) インショウに残る話。

(9) アイボウを大切にする。

(10) 大きな声でロウドクする。

2 次の——線のカタカナを漢字に直しなさい。（5点×10）

(1) イサみ足だった。

(2) ハイイロの空。

(3) コメグラに保存する。

(4) カナメとなる人物。

(5) 彼を議長にオす。

(6) 秋のミカクの梨。

(7) 広告をスる。

(8) サガし物が見つかる。

(9) 彼の変化はコトに驚きだ。

(10) フダ付きの悪者。

27 漢字の書き⑥

合格点 80点
得点 点

解答 ➡ P.74

1 次の――線のカタカナを漢字に直しなさい。（5点×10）

(1) 権力のボウソウは許さない。［　　］

(2) 道をタンサクする。［　　］

(3) 医者のキョカがおりる。［　　］

(4) 雨天でもケッコウする。［　　］

(5) ヨダンを許さない状況。［　　］
*どうなるか前もって判断すること。

(6) 事業にシャウンをかける。［　　］

(7) これはシアンに余る話だ。［　　］

(8) けんか両セイバイ。［　　］

(9) 予定の距離をソウハする。［　　］
*走り通すこと。

(10) 部品がケッソンしている。［　　］

2 次の――線のカタカナを漢字に直しなさい。（5点×10）

(1) 研修医をヒキいて回診する。［　　］

(2) 母はフデまめだ。［　　］

(3) 糸をソめ上げる。［　　］

(4) カザシモで待ちうける。［　　］

(5) ホネミを削って働く。［　　］

(6) 荷物をセオう。［　　］

(7) イゴコチの良い家。［　　］

(8) ソウジを手伝う。［　　］

(9) 毎日のオビバングミ。［　　］

(10) 予定がクルう。［　　］

28 慣用句①

合格点 80点
得点 点
解答 ➡ P.74

1 次の——線の漢字の読みがなを書きなさい。（4点×10）

(1) 泡を食って逃げ出した。

(2) 彼も隅に置けない人だ。

(3) 臆面もなくうそをつく。
＊厚かましい様子。

(4) 二人はしのぎを削る。
＊はげしく争うこと。

(5) 病気も峠を越えた。

(6) 監督に油を絞られる。

(7) 八方手を尽くして探す。

(8) 勢いに拍車をかける。
＊いっそうの勢いを加えること。

(9) 選手の粒がそろう。

(10) うわさを小耳に挟む。

2 次の□に体の部分を表す漢字一字を入れて慣用句を使った文を完成しなさい。（6点×10）

(1) ライバルの□を明かした。

(2) □を皿にして探す。

(3) □をなでおろす。

(4) 彼の親切には□が下がる。
＊感心させられること。

(5) 何度も□を運ぶ。
＊出向いていくこと。

(6) どうするか、□を決めた。

(7) 父の苦言は□が痛い。

(8) 彼女の演技に□を巻く。
＊おどろき感心すること。

(9) □が浮くようなお世辞だ。

(10) 彼と□裏を合わせる。
＊前もって話が食い違わないようにすること。

29 ことわざ①

合格点 80点
得点 　点
解答 ➡ P.75

1 次のことわざに使われている——線の漢字の読みがなを書きなさい。（4点×10）

(1) 一寸の虫にも五分の**魂**

(2) 勝って兜《かぶと》の**緒**を締めよ

(3) **腐**っても鯛《たい》
＊いいものは、だめになってもねうちがあるということ。

(4) のれんに**腕**おし

(5) 能ある鷹《たか》は爪《つめ》を**隠**す

(6) **下手**の横好き

(7) **枯**れ木も山のにぎわい

(8) **光陰**矢のごとし
＊月日がたつのは早いということ。

(9) **柳**の下にいつもどじょうはいない

(10) 壁に耳あり、**障子**に目あり

2 次のことわざに使われている——線のカタカナを漢字に直しなさい。（6点×10）

(1) 笑う**カド**には福来る

(2) うそも**ホウベン**

(3) 雨降って地**カタ**まる

(4) **カ**い犬に手をかまれる

(5) **カホウ**は寝て待て
＊幸運はあせらず待つのがよいということ。

(6) **サワ**らぬ神にたたりなし

(7) 縁は**イ**なもの

(8) ごまめの**ハ**ぎしり

(9) 火のないところに**ケムリ**は立たぬ

(10) 色の白いは**シチナン**かくす

30 逆さにしても熟語になる言葉①

合格点 80点

得点 点

解答 ➡ P.75

1 次の――線の漢字の読みがなを書きなさい。（4点×10）

(1)
A 散歩する**習慣**。
B その村だけの**慣習**。

(2)
A 天井が**落下**した。
B 株価が**下落**した。

(3)
A 子供**相手**の商売。
B **手相**を占う。

(4)
A **手旗**で合図を送る。
B 選手団の**旗手**。

(5)
A 試験の**当日**。
B **日当**をもらう。

2 次の――線のカタカナを漢字に直しなさい。（6点×10）

(1) 長年の夢が**ジツゲン**する。

(2) 時間の**ハイブン**を考える。

(3) 交通**ジコ**に巻き込まれる。

(4) エンジンが**サドウ**する。
＊機械のしかけがはたらくこと。

(5) 模型を**セイサク**する。

(6) 選手の**イクセイ**に努める。

(7) 徹底的に**ロンギ**を行う。

(8) 機首を**テンカイ**する。
＊「展開」ではない。

(9) 親子の**ジョウアイ**の深さ。

(10) 芝居の**エンシュツ**をする。

31 熟語の構成

合格点 80点
得点　　点
解答 ➡ P.75

1 次の漢字二字の熟語の成り立ちにあたる熟語をあとから選んで、読みがなを書きなさい。（5点×8）

A 似た意味の字を組み合わせたもの。［　　］
B 反対の意味の字を組み合わせたもの。［　　］
C 上が下の字を修飾するもの。［　　］
D 下が上の字の目的や対象を示すもの。［　　］
E 主語と述語の関係のもの。［　　］
F 上の字が下の字を打ち消すもの。［　　］
G 同じ漢字を繰り返すもの。［　　］
H 接頭語や接尾語がついたもの。［　　］

公営　端的　取捨　洗顔
転々　児童　未定　砂丘

2 次の――線のカタカナを漢字に直しなさい。また、その熟語の成り立ちを**1**のA～Hから選んで、記号で答えなさい。（3点×20）

漢字　記号

(1) ドクショをする。［　　］［　　］
(2) テッキョウを渡る。［　　］［　　］
(3) ベツベツに話す。［　　］［　　］
(4) ゼンアクの判断。［　　］［　　］
(5) 校内ビカに努める。［　　］［　　］
(6) サッソク行動する。［　　］［　　］
(7) サイリョウの品。［　　］［　　］
(8) ダイニ希望が通る。［　　］［　　］
(9) 課長はフザイです。［　　］［　　］
(10) ライメイがとどろく。［　　］［　　］

32 まとめテスト③

合格点 80点

得点　　点

解答➡P.75

1 次の――線の漢字の読みがなを書きなさい。（4点×10）

(1) 精進して高僧になる。

(2) 中学生のプロ棋士。

(3) 任務を遂行する。

(4) 日々の鍛錬の成果。

(5) 体裁の悪い話だ。

(6) 弾劾裁判が開かれる。

(7) 哀悼の意を表す。

(8) 軽率な行動だ。

(9) 硬式テニスの球。

(10) 相棒と協力する。

2 次の――線のカタカナを漢字に直しなさい。（6点×10）

(1) 急にフクツウに襲われた。

(2) インショウ的な言葉。

(3) カホウは寝て待て

(4) 題材をニンイに選ぶ。

(5) 新しいナフダをつける。

(6) ホネミを削って働く。

(7) 車がボウソウしている。

(8) けんか両セイバイ。

(9) 田舎にテンキョする。

(10) うそもホウベン

33 漢字の書き⑦

合格点 80点

得点　　点

解答 ➡ P.75

1 次の――線のカタカナを漢字に直しなさい。（5点×10）

(1) 貴重品を**ホカン**する。

(2) **フサイ**そろって参加する。

(3) **リッケン**主義の国。

(4) **キジョウ**の空論だ。
＊実際には役に立たない考え。

(5) 弱者の**キュウサイ**。

(6) **コンナン**に立ち向かう。

(7) **キテキ**が聞こえる。

(8) **キコウ**文を愛読する。

(9) **トトウ**を組んで動く。
＊悪い目的のために集まった仲間。

(10) 薬を**フクヨウ**する。

2 次の――線のカタカナを漢字に直しなさい。（5点×10）

(1) **ウメボ**しのおやつ。

(2) **マチカド**の交番。

(3) **マトハズ**れな主張。

(4) 大事な書類を**アズ**かる。

(5) **ケワ**しい山に登る。

(6) **エマキモノ**を見る。

(7) みんなの声援に**コタ**える。

(8) **カコ**いの中に追い込む。

(9) 成功を**カクシン**する。

(10) **イクド**も質問する。

34 漢字の書き⑧

合格点 80点

得点 点

解答 ➡ P.75

1 次の――線のカタカナを漢字に直しなさい。（5点×10）

(1) ブアイソウな店員。

(2) 伯父はハクシキな人だ。

＊広くものごとを知っていること。

(3) この古典のユライは中国だ。

(4) ショウダンがまとまる。

(5) 漢文にドクトクの言い回し。

(6) それはシナンの業《わざ》だ。

(7) ジュエキに群がる虫。

(8) 彼はゲキテキに回復した。

(9) ゼツメツした生物は多い。

(10) 筋肉がシュウシュクする。

2 次の――線のカタカナを漢字に直しなさい。（5点×10）

(1) ハゲしい風雨に打たれる。

(2) 玉ねぎをキザむ。

(3) ココロヨい風が吹く。

(4) 腕にオボえあり。

(5) 登頂をココロみる。

(6) ユミズのように浪費する。

(7) 計画をネる。

(8) 自らボケツを掘る。

(9) ウラドオりを歩く。

(10) マネかれざる客。

35 似た意味の字を組み合わせた熟語

合格点 80点
得点 点
解答 ➡ P.75

1 次の――線の漢字の読みがなを書きなさい。（4点×10）

(1) 営業は終了しました。

(2) 土砂が堆積する。

(3) 食品添加物を調べる。

(4) 国旗を掲揚する。

(5) 古い洞穴が発見される。
＊訓読みでは「ほらあな」。

(6) 青かびが増殖する。

(7) 寛大に扱う。

(8) 単独で行動する。

(9) 敵の侵入を阻止する。

(10) 基礎を学ぶ。

2 次の――線のカタカナを漢字に直しなさい。（6点×10）

(1) 音楽をアイコウする。

(2) アンイにものを考える。

(3) 日程をチョウセイする。

(4) ユウシュウな成績だ。

(5) ホウフな知識を持つ。

(6) 丁寧にキジュツする。

(7) ソウコに荷物を入れる。

(8) 出来映えにマンゾクする。

(9) 芸術作品をソウゾウする。
＊「想像」ではない。

(10) 彼とはカチ観が異なる。

36 反対の意味の字を組み合わせた熟語

合格点 80点

得点　　点

解答 ➡ P.76

1 次の――線の漢字の読みがなを書きなさい。（4点×10）

(1) 塗った色に濃淡がある。〔　　〕

(2) 盛衰を繰り返す。〔　　〕

＊「栄枯盛衰」という四字熟語がある。

(3) 虚実をとりまぜて話す。〔　　〕

(4) ボールに緩急をつける。〔　　〕

(5) 熊が出没している。〔　　〕

(6) うわさの真偽を調べる。〔　　〕

(7) 諾否を知らせる。〔　　〕

＊承知か不承知か。

(8) 激しい攻防を繰り広げる。〔　　〕

(9) 清濁あわせのむ。〔　　〕

(10) 仲間と進退を話し合う。〔　　〕

2 次の――線のカタカナを漢字に直しなさい。（6点×10）

(1) ジョウコウ客で混雑する。〔　　〕

(2) クラクをともにする。〔　　〕

(3) 両者はリガイ関係にある。〔　　〕

(4) 実力はジタともに認める。〔　　〕

(5) 人口のゾウゲンを調べる。〔　　〕

(6) ソントクを考えずに働く。〔　　〕

(7) コウシのけじめをつける。〔　　〕

(8) 敵のドウセイを探る。〔　　〕

＊うごきや様子のこと。

(9) 雪がダンゾクして降る。〔　　〕

(10) 金銭のジュジュがある。〔　　〕

＊うけわたし。やりとり。

37 故事成語・略語の熟語

合格点 80点

得点　　点

解答 ➡ P.76

1 次の――線の漢字の読みがなを書きなさい。（4点×10）

(1) **左遷**のうき目をみる。
＊低い地位に移すこと。

(2) **蛇足**を避ける。

(3) **背水**の陣で挑む。

(4) **蛍雪**の功を積む。

(5) **完璧**な出来映えだ。

(6) 話と行動とが**矛盾**する。

(7) **通販**で買い物をする。
＊通信販売。

(8) **時短**を要求する。
＊時間短縮。

(9) 見事な**特撮**の映画だ。
＊特殊撮影。

(10) **地裁**の判決が出た。
＊地方裁判所。

2 次の――線のカタカナを漢字に直しなさい。（6点×10）

(1) 最終回は**アッカン**だった。
＊いちばんすぐれている部分。

(2) 不信感を**ジョチョウ**する。

(3) **ズコウ**の授業。

(4) 明日、**モシ**が実施される。
＊モ擬シ験。

(5) **センカン**で開票される。
＊セン挙カン理委員会。

(6) **ノウキョウ**をＪＡという。
＊ノウ業キョウ同組合。

(7) 兄は**コクタイ**に出場した。
＊コク民タイ育大会。

(8) **コクレン**で演説する。
＊コク際レン合。

(9) **ミンポウ**のアナウンサー。
＊ミン間ホウ送。

(10) **ゲンパツ**が建設される。
＊ゲン子力ハツ電所。

38 三字熟語の構成①

合格点 80点

得点 　点

解答 ➡ P.76

1 次の漢字三字の熟語の成り立ちにあたる熟語をあとから二つずつ選んで、読みがなを書きなさい。（4点×10）

A 漢字一字の言葉を並べる。（三字が対等）
［　　　　］［　　　　］

B 上の漢字一字が下の二字熟語を修飾。
［　　　　］［　　　　］

C 上の二字熟語が下の漢字一字を修飾。
［　　　　］［　　　　］

D 二字熟語に打ち消しの接頭語がつく。
［　　　　］［　　　　］

E 二字熟語に接尾語がつく。
［　　　　］［　　　　］

無表情　松竹梅　解剖学
屈辱的　最先端　未開発
微生物　序破急　事実上
炊事係

2 次の——線のカタカナを漢字に直しなさい。（6点×10）

(1) イショクジュウが調う。［　　　　］

(2) シチョウソンが合併する。［　　　　］
＊(1)・(2)は、上のAにあたる。

(3) 彼とはショタイメンだ。［　　　　］

(4) フクハンチョウとなる。［　　　　］
＊(3)・(4)は、上のBにあたる。

(5) ガクシュウジュクに通う。［　　　　］

(6) ヒャッカテンで買う。［　　　　］
＊(5)・(6)は上のCにあたる。

(7) 彼はブサホウな人だ。［　　　　］

(8) ヒコウカイの練習をする。［　　　　］
＊(7)・(8)は、上のDにあたる。

(9) 小説がエイガカされる。［　　　　］

(10) ウンパンヨウの車に積む。［　　　　］
＊(9)・(10)は、上のEにあたる。

39 四字熟語の構成①

合格点 80点
得点　　点
解答 ➡ P.76

1 次の漢字四字の熟語の成り立ちにあたる熟語をあとから二つずつ選んで、読みがなを書きなさい。（5点×8）

A　似た意味の二字熟語が対等の関係。
例　公明＝正大

B　反対の意味の二字熟語が対等の関係。
例　右往↕左往

C　上の二字が下の二字に意味上かかる。
例　用意　周到

D　一字一字が対等の関係で並ぶ。
例　花鳥風月

責任転嫁　一長一短　加減乗除
悪戦苦闘　自暴自棄　言語道断
喜怒哀楽　針小棒大

2 次の――線のカタカナを漢字に直しなさい。また、その熟語の成り立ちを**1**のA～Dから選んで、記号で答えなさい。（3点×20）

漢字　記号

(1) 自給ジソク
(2) タイキ晩成
＊才能ある人は、人よりも後にりっぱになること。
(3) 起承テンケツ
(4) ジャクニク強食
(5) トウザイ南北
(6) カンゼン無欠
(7) ユウメイ無実
(8) キキ一髪
(9) ゼッタイ絶命
(10) タントウ直入
＊いきなり話の中心に入ること。

40 熟語の読み方①

合格点 80点
得点 　点

解答 ➡ P.76

1

次の――線の熟語の読みがなを書き、重《じゅう》箱《ばこ》読みか湯《ゆ》桶《とう》読みかを区別して、A・Bの記号で答えなさい。（5点×9）

A　重箱読み（音読み＋訓読み）例 役《やく》場《ば》
B　湯桶読み（訓読み＋音読み）例 身《み》分《ぶん》

読みがな　記号

(1) 一晩**野宿**する。［　］［　］
(2) **眠気**をもよおす。［　］［　］
(3) **本腰**を入れる。［　］［　］
(4) **影絵**の芝居。［　］［　］
(5) **天窓**からの光。［　］［　］
(6) **両腕**を下げる。［　］［　］
(7) 父は**厄年**だ。［　］［　］
(8) **沼地**に入る。［　］［　］
(9) **炉端**を囲む。［　］［　］

2

次の――線のカタカナを漢字に直しなさい。（5点×11）

(1) **マイツキ**の収入。［　］
(2) **ゾウキ**林の中を歩く。［　］
(3) 弱者の**ミカタ**になる。［　］
(4) 土から**シンメ**がのぞく。［　］
＊(1)～(4)は重箱読み。
(5) **フルホン**を買う。［　］
(6) 駅で**ユウカン**を買う。［　］
(7) この服は**ネダン**が高い。［　］
(8) **アマグ**を持って出かける。［　］
(9) 目で**アイズ**する。［　］
(10) **ウラモン**から出入りする。［　］
(11) **ムカシフウ**の店の造りだ。［　］

41 まとめテスト④

合格点 80点

得点　　点

解答 ➡ P.76

1 次の――線の漢字の読みがなを書きなさい。（4点×10）

(1) **添加物**の多い食品。

(2) **屈辱的**な話だ。

(3) 責任を**転嫁**する。

(4) 問題を**安易**に捉える。

(5) **本腰**を入れて取り組む。

(6) **清濁**あわせのむ。

(7) **特撮**の映画は面白い。

(8) 父は**厄年**だ。

(9) **諾否**が気になる。

(10) 土砂が**堆積**する。

2 次の――線のカタカナを漢字に直しなさい。（6点×10）

(1) **シンギ**不明のうわさ。

(2) **ジキュウ**自足の生活。

(3) 彼は大器**バンセイ**型だ。

(4) 単刀**チョクニュウ**に話す。

(5) **カゲン**乗除の計算。

(6) **ホウフ**な経験をする。

(7) **ゾウキバヤシ**が続く。

(8) 成功を**カクシン**する。

(9) 計画を**ネ**り直す。

(10) 自ら**ボケツ**を掘る。

42 上の字が下の字を修飾する熟語①

合格点 80点

得点　　点

解答 ➡ P.76

1 次の——線の漢字の読みがなを書きなさい。（4点×10）

(1) **犠打**を許す。〔　　〕

(2) 集中**豪雨**に見舞われる。〔　　〕

(3) 車の**騒音**で眠れない。〔　　〕

(4) **食卓**に花を飾る。〔　　〕

(5) 外国の**硬貨**を集める。〔　　〕
＊「硬貨」の対義語は「紙幣」。

(6) **円陣**を組む。〔　　〕

(7) **四肢**がしびれる。〔　　〕

(8) **粘土**をこねる。〔　　〕

(9) **花壇**に水をまく。〔　　〕

(10) 病気で**脚力**が衰えた。〔　　〕

2 次の——線のカタカナを漢字に直しなさい。（6点×10）

(1) **キョクセン**を描く。〔　　〕

(2) **ゲキツウ**に襲われる。〔　　〕

(3) 二人は**シンユウ**です。〔　　〕

(4) 黒潮は**ダンリュウ**だ。〔　　〕

(5) **リョウショ**を勧める。〔　　〕
＊読んでためになる、よい本。

(6) **シャソウ**からの眺め。〔　　〕
＊乗り物のマド。

(7) **シンシツ**の明かりを消す。〔　　〕

(8) 雨で**シッケ**が多い。〔　　〕

(9) 人の**ゼンイ**に支えられる。〔　　〕

(10) **ベッサツ**の付録がある。〔　　〕

43 上の字が下の字を修飾する熟語②

合格点 80点

得点 　　点

解答 ➡ P.77

1 次の――線の漢字の読みがなを書きなさい。（4点×10）

(1) 人口が**微増**する。 ＊少しだけふえること。

(2) テレビを**独占**する。

(3) 偉人の**直筆**の手紙。

(4) **祝宴**のごちそう。

(5) **後継**者を指名する。

(6) 教室の**清掃**を行う。

(7) **徐行**運転をする。

(8) **仮病**を使う。

(9) 無事の**生還**を喜ぶ。

(10) その道の**先駆**者となる。 ＊さきがけ。

2 次の――線のカタカナを漢字に直しなさい。（6点×10）

(1) 結果を**ヨソク**しておく。 ＊前もっておしはかること。

(2) 寒冷前線が**ナンカ**する。

(3) 銃が**ボウハツ**する。

(4) **サイシン**のニュース。

(5) 正しいと**カテイ**して進む。

(6) 幼なじみと**サイカイ**する。

(7) 黒板に**ズシ**して説明する。

(8) 学校を**ソウタイ**した。

(9) **ジドウ**運転の乗り物。

(10) **ガイシュツ**が禁止される。

44 三字熟語の構成②

合格点 80点
得点 　　点
解答 ➡ P.77

1 次の□にあてはまる漢字をあとから選んで三字熟語を完成し、その読みがなを書きなさい。（4点×10）

(1) この薬は□作用がある。［　　］
(2) 度□衡を変更する。［　　］
(3) 人口の高齢□が進む。［　　］
(4) 敵は□反撃を始めた。［　　］
(5) 急に□抵抗になった。［　　］
(6) 奇跡□に救出された。［　　］
(7) □結婚おめでとう。［　　］
(8) □眼鏡で野鳥を見る。［　　］
(9) 真□美を追求する。［　　］
(10) 蛍光□を取り換える。［　　］

無　双　化　猛　副　灯　的　善　量　御

2 次の――線のカタカナを漢字に直しなさい。（6点×10）

(1) メイジンゲイを披露する。［　　］
(2) セツゲッカの美しい日本。［　　］
(3) カンガッキを演奏する。［　　］
(4) シンレンサイの小説。［　　］
(5) アクテンコウの中を歩く。［　　］
(6) エツランシツで過ごす。［　　］
(7) ヒツゼンセイを感じる。［　　］
＊かならずそうであるべきこと。
(8) セイフスジの情報。［　　］
(9) モンガイカンには難しい。［　　］
＊その分野についてセンモンカでない人。
(10) 仲間内ではコウイッテン。［　　］
＊多くの男性の中にただ一人の女性がいること。

45 四字熟語の構成②

合格点 80点
得点 点
解答 ➡ P.77

1 次の□□にあてはまる語をあとから選んで四字熟語を完成し、その読みがなを書きなさい。（5点×9）

(1) **一部□□**を聞く。

(2) 何よりも**□□実行**だ。

(3) **□□消沈**している。

(4) その話は**我田□□**だ。

(5) **春夏□□**の変化。
＊音読みをする。

(6) **正々□□**と戦う。

(7) **古今□□**の名画鑑賞。

(8) **□□同音**に反対した。

(9) **中途□□**に終わった。

東西　秋冬　異口　半端　堂々
意気　始終　不言　引水

2 次の――線のカタカナを漢字に直しなさい。（5点×11）

(1) 変化に**イッキ一憂**する。

(2) 結果を**自画ジサン**する。

(3) **シンキ一転**して出直す。

(4) **理路セイゼン**と話す。

(5) **奇想テンガイ**な発想。

(6) 話の内容は**半信ハンギ**だ。

(7) **感慨ムリョウ**の心境です。

(8) **晴耕ウドク**の生活を送る。

(9) **宣戦フコク**をする。

(10) **優柔フダン**な態度をとる。
＊決められずにぐずぐずすること。

(11) **七転バットウ**する。

46 熟語の読み方②

合格点 80点
得点　　点
解答 ➡ P.77

1 次の熟語の読み方は、あとの**ア**～**カ**のどれにあたるかを判断し、記号で答えなさい。（3点×15）

(1) 耳栓〔　　〕
(2) 缶詰〔　　〕
(3) 豚肉〔　　〕
(4) 貝殻〔　　〕
(5) 手綱〔　　〕
(6) 伯父〔　　〕
(7) 牧場〔　　〕
(8) 素肌〔　　〕
(9) 吐息〔　　〕
(10) 米俵〔　　〕
(11) 七夕〔　　〕
(12) 嫌味〔　　〕
(13) 街道〔　　〕
(14) 国境〔　　〕
(15) 門松〔　　〕

ア 音＋音で読む熟語
イ 訓＋訓で読む熟語
ウ 音＋訓で読む熟語（重箱《じゅうばこ》読み）
エ 訓＋音で読む熟語（湯桶《ゆとう》読み）
オ 音＋音でも訓＋訓でも読める熟語
カ 特別な読み方をする熟語（熟字訓《じゅくじくん》）

2 次の――線のカタカナを漢字に直しなさい。（5点×11）

(1) カミブクロを手に持つ。〔　　〕
(2) ハツコイが忘れられない。〔　　〕
(3) セボネが曲がる。〔　　〕
(4) 僕らはフタゴの兄弟です。〔　　〕
(5) 顔がハイイロになる。〔　　〕
(6) コゼニを貯金する。〔　　〕

＊(1)～(6)は、訓＋訓の熟語。

(7) 子供がコウエンで遊ぶ。〔　　〕
(8) クルマザになる。〔　　〕
(9) シセイが良い。〔　　〕
(10) 字がヘタで恥ずかしい。〔　　〕
(11) ヤオヤで大根を買う。〔　　〕

＊(8)～(11)は熟字訓。

47 送りがな①

合格点 80点
得点 点
解答 ➡ P.77

1 次の――線の漢字の読みがなを、送りがなに注意して書きなさい。（4点×10）

(1) 初めの志を貫く。
(2) 裁判所に訴える。
(3) 本当の実力を偽る。
(4) 台風の勢力が衰える。
＊「衰退（すいたい）」の「衰」。
(5) 小舟が波間に漂う。
(6) 考え方が一方に偏る。
＊「偏重（へんちょう）」の「偏」。
(7) 会議の進行を妨げる。
(8) 出費を最小限に抑える。
(9) 彼女に恋い焦がれる。
(10) 祖母は孫を甘やかした。

2 次の――線のカタカナを漢字と送りがなに直しなさい。（6点×10）

(1) 師としてウヤマウ。
(2) じっくりとアジワウ。
(3) 墓に花をソナエル。
(4) 年長者をトウトブ。
(5) 体重をハカル。
(6) 真偽をタシカメル。
(7) 水をアビル。
(8) お金をウシナウ。
(9) 校則をアラタメル。
(10) 実験をココロミル。

48 形が似ていて同音の漢字

合格点 80点
得点 点
解答 ➡ P.77

1 次の各組の——線の漢字に共通する読みがなを書きなさい。（4点×11）

(1) 栽培・体裁 〔　　〕
(2) 概算・感慨 〔　　〕
(3) 阻害・粗大 〔　　〕
(4) 水滴・指摘 〔　　〕
(5) 研磨・摩擦 〔　　〕
(6) 補充・捕球 〔　　〕
(7) 妨害・防火 〔　　〕
(8) 漂流・標識 〔　　〕
(9) 侵入・浸水 〔　　〕
(10) 海藻・乾燥 〔　　〕
(11) 特徴・懲戒 〔　　〕

2 上のカタカナの読みの漢字を□に入れて、熟語を完成しなさい。（4点×14）

例 チョウ 〔A 主張　B 帳面〕
(1) ハン 〔A □元　B 黒□〕
(2) セキ 〔A 業□　B 体□〕
(3) ケイ 〔A 家□　B □争〕
(4) コウ 〔A □堂　B 虚□〕
(5) テキ 〔A □陣　B □正〕
(6) フク 〔A □痛　B □祉〕
(7) ハ 〔A □浪　B □竹〕

49 形が似ていて間違えやすい漢字

合格点 80点
得点　　点
解答 ➡ P.77

1 次の――線の漢字の読みがなを書きなさい。（4点×10）

(1)
A 父の**書斎**で勉強する。
B **一斉**に清掃作業をする。

(2)
A **網戸**を洗って片付ける。
B **綱渡**りの演技を見る。

(3)
A 食事の費用を**折半**する。
＊折(お)る。
B 合格を**祈願**する。
＊祈(いの)る。
C 実験結果を**分析**する。

(4)
A **幼稚**な議論をする。
B 天然**繊維**を素材にする。
C **優雅**な身のこなしだ。

2 次の――線のカタカナを漢字に直しなさい。（6点×10）

(1)
A **ショメイ**して判を押す。
B 彼は**チョメイ**な学者だ。

(2)
A 団結力が**ショウイン**だ。
B **コンナン**に立ち向かう。

(3)
A **メイシン**にとらわれる。
B 主語に対する**ジュツゴ**。

(4)
A 恵まれた**シシツ**がある。
B 輸入**ザッカ**を扱う店。
C **チンタイ**住宅に入る。
D **キョウサン**する企業。

50 まとめテスト⑤

合格点 80点
得点　　点
解答 ➡ P.78

1 次の――線の漢字の読みがなを書きなさい。（4点×10）

(1) 全国**一斉**に売り出す。
(2) **粘着**テープを使う。
(3) 窓ガラスに**水滴**がつく。
(4) 初めて**教壇**に立つ。
(5) 店の営業を**妨害**する。
(6) **宴**もたけなわだ。
(7) 道路を**清掃**する。
(8) 父の**書斎**で読書をする。
(9) **仮病**を使う。
(10) **脚本家**になる。

2 次の――線のカタカナを漢字に直しなさい。（6点×10）

(1) 試合の**ショウイン**を探る。
(2) 両親を**ウヤマ**う。
(3) **フタゴ**の兄弟。
(4) **ハンシンハンギ**で聞く。
(5) **ソウタイ**届を出す。
(6) 彼は**モンガイカン**だ。
(7) アジアの**ザッカ**を売る。
(8) **コンナン**に打ち勝つ。
(9) **シャソウ**からの眺め。
(10) **キソウテンガイ**な発想。

51 上の字が下の字を打ち消す熟語

合格点 80点
得点 　　点
解答 ➡ P.78

1 次の――線の漢字の読みがなを書きなさい。（4点×10）

(1) この液体は**無臭**だ。

(2) 殺人**未遂**の罪を犯す。
＊対義語は「既遂」。

(3) **不況**を乗り切る。

(4) 犯行を**否認**する。

(5) **無邪気**な笑顔。

(6) **不滅**の金字塔を立てる。

(7) 彼女の才能は**非凡**だ。

(8) 姉は**未婚**です。

(9) **不吉**な予感がする。

(10) 私には**無縁**のことだ。

2 次の――線のカタカナを漢字に直しなさい。（6点×10）

(1) 宇宙はまだ**ミチ**の世界だ。

(2) その決定には**フフク**です。

(3) 自分の**ヒリキ**を嘆く。

(4) **ムダン**で立ち入るな。

(5) 成功に努力は**フカケツ**だ。

(6) 議案が**ヒケツ**された。

(7) 僕の技術は**ミジュク**です。

(8) 役目を**ブナン**にこなす。

(9) **ヒジョウ**の事態に備える。

(10) 期限切れで**ムコウ**になる。

主語と述語の関係の熟語、同じ字を繰り返す熟語

合格点 80点

得点　　点

解答 ➡ P.78

1 次の――線の漢字の読みがなを書きなさい。（4点×10）

(1) 音響効果がよい会場。〔　　〕

(2) もうすぐ日没だ。〔　　〕

(3) 急な腰痛に襲われる。〔　　〕

(4) 雷鳴がとどろく。〔　　〕

(5) 地震に備える。〔　　〕

(6) 公営の施設を利用する。〔　　〕

(7) 悠々と予選を通過した。〔　　〕

(8) 残りは微々たるものだ。〔　　〕

(9) 隅々まで目が行き届く。〔　　〕

(10) 遅々として進まない。〔　　〕

2 次の――線のカタカナを漢字に直しなさい。（6点×10）

(1) シセツ応援団を結成する。〔　　〕

(2) この湖はジンゾウ湖です。〔　　〕

(3) 足をコッセツした。〔　　〕

(4) ニッショウ時間が短い。〔　　〕

(5) ケンリツ高校に進学する。〔　　〕

(6) モクモクと働く。〔　　〕

(7) エンエンと道が続く。〔　　〕
＊どこまでも続く様子。

(8) サイサイ注意を促す。〔　　〕
＊何度も。

(9) 気づいた点はタタある。〔　　〕

(10) 時間はコッコクと迫る。〔　　〕

53 慣用句②

合格点 80点

得点　　点

解答 ➡ P.78

1 次の□にあてはまる漢字をあとから選んで慣用句を完成し、その読みがなを書きなさい。（5点×9）

(1) 先生の目を□む。

(2) 彼女はとても口が□い。

(3) 猫の手も□りたい。

(4) 悪い予感で胸が□ぐ。

(5) 彼は腰が□い人だ。

(6) 腹が□えくり返った。

(7) 思わず二の足を□んだ。

(8) 彼は相当鼻息が□い。

(9) 手に汗□る熱戦だ。

踏　低　煮　盗　堅
騒　借　握　荒

2 次の——線のカタカナを漢字に直しなさい。（5点×11）

(1) **アオスジ**を立てて怒る。

(2) **セ**に腹は代えられぬ。

(3) それは**アサメシマエ**だ。
＊きわめて容易であること。

(4) 目が**フシアナ**で見落とす。

(5) **クニク**の策を講じる。
＊くるしまぎれの手段。

(6) 同情が**ウラメ**に出た。

(7) 腹の虫が**オサ**まらない。

(8) 店の**カンバン**を下ろす。
＊商売をやめること。

(9) 火の**コ**が降りかかる。

(10) それは百も**ショウチ**だ。
＊そのことを十分知っているということ。

(11) 事件は氷山の**イッカク**だ。

54 ことわざ②

合格点 80点
得点 　点
解答 ➡ P.78

1 次のことわざに使われている――線の漢字の読みがなを書きなさい。（4点×10）

(1) 後悔先に立たず
＊後になって悔やんでもおそいということ。

(2) 歳月人を待たず

(3) 百聞は一見にしかず

(4) 魚心あれば水心

(5) 青雲の志

(6) 花より団子

(7) 袖すり合うも多生の縁
＊「多生」は仏教関係の言葉。

(8) 急《せ》いては事を仕損じる

(9) 憎まれっ子世にはばかる

(10) 上手の手から水が漏れる

2 次のことわざに使われている――線のカタカナを漢字に直しなさい。（6点×10）

(1) フエ吹けど踊らず

(2) 馬の耳にネンブツ
＊類義は「馬耳東風」。

(3) 猫にコバン
＊類義は「豚に真珠」。

(4) アクセン身につかず

(5) 弘法《こうぼう》はフデを選ばず
＊「弘法にもフデの誤り」もある。

(6) コロばぬ先のつえ

(7) オビに短したすきに長し

(8) 鬼にカナボウ

(9) けがのコウミョウ

(10) アンずるより産むが易《やす》し

55 逆さにしても熟語になる言葉②

合格点 80点
得点 　点
解答 ➡ P.78

1 次の——線の漢字の読みがなを書きなさい。（4点×10）

(1) **奇怪**な形をした物体。［　　］
(2) 快適な**居住**空間。［　　］
(3) **礼儀**を重んじる。［　　］
(4) **離別**の涙を流す。［　　］
(5) 若くして**出家**する。［　　］
＊仏門に入ること。
(6) **世俗**のちりにまみれる。［　　］
(7) **中途**で引き返す。［　　］
(8) 選手を**別格**に扱う。［　　］
(9) **税関**で調べを受ける。［　　］
(10) **利便**をはかる。［　　］
＊つごうのよいこと。

2 次の——線のカタカナを漢字に直しなさい。（6点×10）

(1) **ワヘイ**交渉を行う。［　　］
＊戦争と「ヘイワ」。
(2) **シッソ**な暮らしをする。［　　］
(3) 彼女はよく**キテン**がきく。［　　］
(4) **スジミチ**を立てて話す。［　　］
(5) **セイキュウ**に事を運ぶ。［　　］
＊あわただしく、ものごとを行う様子。
(6) 生活**シュウカン**の改善。［　　］
(7) 高い**ケンシキ**を持つ人。［　　］
(8) 主人公は作者の**ブンシン**。［　　］
(9) **ソセン**の霊をまつる。［　　］
(10) **チョウシン**の選手が入る。［　　］

56 熟字訓

合格点 80点
得点 点
解答 ➡ P.78

1 次の――線の漢字の読みがなを書きなさい。（5点×10）

(1) 笑顔のあふれる家。
(2) 伯父さんは朗らかだ。
(3) ここは紅葉の名所だ。
＊「こうよう」以外の読み方。
(4) 梅雨が明けた。
(5) 仮名文字を習う。
(6) 相撲を観戦する。
(7) 庭の芝生が美しい。
(8) 二十歳の誕生日。
(9) 叔母は母の妹だ。
(10) 好きな果物は桃だ。

2 次の――線の漢字の読みがなを書きなさい。（5点×10）

(1) 木綿のハンカチ。
(2) 迷子のアナウンス。
(3) 飼い犬が行方不明だ。
(4) 今年の七夕は晴れた。
(5) 心地の良い風が吹く。
(6) 河原で花火をする。
(7) 弟はとても真面目だ。
(8) 風邪が治らない。
(9) 上手な文章に出会う。
(10) 眼鏡をかける。

57 一字で意味のわかる漢字

合格点 80点

得点　　点

解答 ➡ P.79

1 次の――線の漢字は、一字で意味のわかる名詞です。読みがなを書きなさい。（4点×14）

(1) 玄関の**扉**

(2) **扇**のかなめ

(3) **肩**が凝る

(4) こまの**軸**

(5) **裸**祭り

(6) 雨の**滴**

(7) **漆**塗《ぬ》りの盆

(8) 竹の**串**

(9) **鉛**のおもり

(10) 米の**粒**

(11) **獣**の皮

(12) お守りの**鈴**

(13) 北極海の**鯨**

(14) **薪**集め

2 次の――線のカタカナを漢字に直しなさい。（4点×11）

(1) **ハコ**の中を整理する。

(2) **ワタクシ**には兄弟がいない。

(3) 剣道で**ダン**を取る。

＊力やわざの程度を示す階級。

(4) 軒先につばめの**ス**がある。

(5) **タバ**になってかかる。

(6) **サクラ**の花びらが散る。

(7) **ユメ**を現実のものにする。

(8) **アラシ**が去る。

(9) **ウツワ**に盛りつける。

(10) ついに**スガタ**を見せた。

(11) 子どもは**タカラ**だ。

58 多義語

合格点 80点

得点　　　点

解答 ➡ P.79

1 一つの語で多くの意味や用法をもつ語を多義語といいます。次の多義語について、――線の漢字の読みがなを書き、反対の意味をあとから選び記号で答えなさい。（4点×22）

（汚い）

	読み	用法
(1) 汚い風体の男。	［　］	［　］
(2) 勘定に汚い人。	［　］	［　］
(3) 汚い言葉遣い。	［　］	［　］

ア 上品だ　**イ** 清潔だ
ウ 大らかだ

（緩い）

	読み	用法
(4) 湾曲した海岸線。	［　］	［　］
(5) 腹が緩い。	［　］	［　］
(6) 規制が緩い。	［　］	［　］
(7) 帯の締め方が緩い。	［　］	［　］

ア 厳しい　**イ** きつい
ウ 固い　**エ** 急だ

（深い）

	読み	用法
(8) 二人は深い間柄だ。	［　］	［　］
(9) 深い洞窟に入る。	［　］	［　］
(10) 思慮が深い人。	［　］	［　］
(11) 夏山は深い緑色だ。	［　］	［　］

ア 浅い　**イ** 色が淡い
ウ 疎遠だ　**エ** 程度が低い

2 「虫」を使った表現の意味をあとから選び、記号で答えなさい。（3点×4）

(1) 虫の居所が悪い ［　］
(2) 研究の虫 ［　］
(3) 虫が知らせる ［　］
(4) 虫も殺さない ［　］

ア おとなしい人
イ 熱中する人
ウ 気にさわる
エ 予感がする

59 まとめテスト⑥

合格点 80点

得点 　点

解答 ➡ P.79

1 次の――線の漢字の読みがなを書きなさい。（5点×10）

(1) 芝生に寝転がる。

(2) 真面目な人柄。

(3) 木綿のシャツを着る。

(4) 不吉な夢を見る。

(5) 殺人未遂事件。

(6) 己の非力を嘆く。

(7) その記録は不滅だ。

(8) 悠々と予選通過する。

(9) 湾岸沿いの店。

(10) 関税を引き上げる。

2 次の――線の漢字の読みがなを書きなさい。（5点×10）

(1) 勘定をすませる。

(2) 漆塗《ぬ》りの器。

(3) 野菜が煮える。

(4) 手に汗握る熱戦。

(5) 著しい進歩。

(6) つい二の足を踏んだ。

(7) 未遂事件を追う。

(8) 薪を集める。

(9) 水漏れ事故。

(10) 獣の皮を買う。

60 接頭語・接尾語がついた熟語

合格点 80点
得点 点
解答 ➡ P.79

1 次の――線の漢字の読みがなを書きなさい。（4点×10）

(1) **愚女**を連れて行く。［　　］
＊自分の娘をけんそんした言い方。

(2) **芳名**をお書きください。［　　］
＊お名前。

(3) 満員**御礼**の垂れ幕。［　　］

(4) 性格が**無精**な人。［　　］

(5) **依然**として変化がない。［　　］

(6) **慢性**の腰痛に悩む。［　　］

(7) **敵方**に寝返る。［　　］

(8) 申し出を**一蹴**する。［　　］

(9) 観光地の**俗化**を防ぐ。［　　］

(10) **拙文**を寄稿する。［　　］

2 次の――線のカタカナを漢字に直しなさい。（6点×10）

(1) **ショクン**の意見を聞こう。［　　］
＊「きみたち」と同じ意味。

(2) **レイソク**にお目にかかる。［　　］

(3) **ヘイゼン**と振る舞う。［　　］

(4) **キシャ**の要望をうかがう。［　　］
＊相手の会社をうやまっていう言葉。

(5) **マヒル**の日差しは強い。［　　］

(6) **オクサマ**は留守です。［　　］

(7) **シツテキ**向上を図る。［　　］

(8) **リョッカ**運動に協力する。［　　］
＊木や草を植えてみどりを多くすること。

(9) **テキセイ**検査を受ける。［　　］

(10) **ザッゼン**とした室内だ。［　　］

61 下の字が上の字の目的や対象を示す熟語

合格点 80点
得点　　点

解答 ➡ P.79

1 次の——線の漢字の読みがなを書きなさい。（4点×10）

(1) **抜群**の成績を収める。
＊「群を抜く」という意味。

(2) **潜水**の訓練をする。
＊「水に潜る」という意味。

(3) 実家は**養豚**業を営む。

(4) パトカーが**追跡**する。

(5) **兼職**で事務を行う。

(6) 携帯電話を**充電**する。

(7) **捕球**が巧みだ。

(8) **覆面**をした男。

(9) **遅刻**はしないように。

(10) これは**耐火**ガラスだ。

2 次の——線のカタカナを漢字に直しなさい。（6点×10）

(1) **トウヒョウ**箱を置く。

(2) **キョシュ**で多数決をとる。

(3) **ジセイ**の句を残す。

(4) **イクジ**休暇をとる。

(5) **シュウガク**旅行に行く。

(6) **テンキョ**の知らせを出す。
＊引っ越し。

(7) 富士山に**トウチョウ**する。

(8) 来月には**タイイン**する。

(9) 早く**キタク**するように。
＊自分の家にかえること。

(10) 急に**ハツネツ**した。

62 類義語②

合格点 80点

得点　　点

解答 ➡ P.79

1 次の各組は、□に共通の一字が入る類義語です。〔　〕内のカタカナを漢字に直しなさい。（4点×10）

(1) 有□＝著□　〔メイ〕　□

(2) □格＝□重　〔ゲン〕　□

(3) □想＝□敬　〔アイ〕　□

(4) □色＝□彩　〔イ〕　□

(5) □歩＝□策　〔サン〕　□

(6) □望＝□意　〔シツ〕　□

(7) □迫＝威□　〔アツ〕　□

(8) 控□＝□外　〔ジョ〕　□

(9) □画＝□図　〔キ〕　□

(10) 功□＝業□　〔セキ〕　□

2 次の熟語の類義語を、あとの語群から選んで漢字に直して書きなさい。（6点×10）

(1) 追跡〔　　〕

(2) 気転〔　　〕

(3) 由緒〔　　〕

(4) 雑踏〔　　〕

(5) 支配〔　　〕

(6) 才能〔　　〕

(7) 任務〔　　〕

(8) 収入〔　　〕

(9) 独占〔　　〕

(10) 遺憾〔　　〕

きち　ざんねん　しょとく
とうち　せんゆう　びこう
しめい　ゆらい　こんざつ
きりょう

63 対義語②

合格点 80点
得点　　点

解答 ➡ P.79

1 次の各組は、□に共通の一字が入る対義語です。〔　〕内のカタカナを漢字に直しなさい。（4点×10）

(1) 異□ ↕ 同□ 〔シツ〕
(2) □疎 ↕ □密 〔カ〕
(3) 公□ ↕ 領□ 〔カイ〕
(4) 逆□ ↕ 順□ 〔セツ〕
(5) 未□ ↕ 成□ 〔ジュク〕
(6) 就□ ↕ 辞□ 〔ニン〕
(7) 蓄□ ↕ 散□ 〔ザイ〕
(8) 異□ ↕ 正□ 〔ジョウ〕
(9) 韻□ ↕ 散□ 〔ブン〕
(10) 楽□ ↕ 悲□ 〔カン〕

2 次の熟語の対義語を、あとの語群から選んで漢字に直して書きなさい。（6点×10）

(1) 特殊〔　　〕
(2) 寒冷〔　　〕
(3) 点在〔　　〕
(4) 理性〔　　〕
(5) 優勢〔　　〕
(6) 返済〔　　〕
(7) 現実〔　　〕
(8) 虚偽〔　　〕
(9) 団体〔　　〕
(10) 単純〔　　〕

おんだん　こじん　れっせい
いっぱん　りそう　しんじつ
みっしゅう　かんじょう
しゃくよう　ふくざつ

64 同音異義語②

合格点 80点
得点 　　点

解答 ➡ P.80

1 次の□□にあてはまる、あとの〔　〕内の熟語と同じ読み方をする熟語(同音異義語)を書きなさい。(5点×9)

(1) ケガで□□となる。〔渋滞〕〔　　〕

(2) 交通□□のための募金。〔維持〕〔　　〕

(3) 実験に□□する。〔精巧〕〔　　〕

(4) 予防□□を受ける。〔駐車〕〔　　〕

(5) 聖火が□□される。〔添加〕〔　　〕

(6) 世界一周の□□に出る。〔後悔〕〔　　〕

(7) □□の地を訪ねる。〔継承〕〔　　〕

(8) 商品の品質は□□する。〔補償〕〔　　〕

(9) 多くの意見を□□させる。〔繁栄〕〔　　〕

2 次の――線のカタカナを漢字に直しなさい。(5点×11)

(1)
A 結果より**カテイ**が大切。〔　　〕
*プロセス。
B 正しいと**カテイ**する。〔　　〕

(2)
A **シュウシ**決算の報告。〔　　〕
B **シュウシ**一貫している。〔　　〕

(3)
A 線路に**ヘイコウ**する道。〔　　〕
B 暑さには**ヘイコウ**した。〔　　〕
*すっかりこまること。

(4)
A 消化**キカン**が弱い。〔　　〕
B **キカン**限定の商品。〔　　〕

(5)
A **トウジ**は昼が最も短い。〔　　〕
B 温泉に**トウジ**に行く。〔　　〕
C **トウジ**は小学生だった。〔　　〕

65 同訓異字②

合格点 80点
得点 　点
解答 ➡ P.80

1 次の□にあてはまる、あとの〔　〕内の漢字と同じ読み方をする漢字(同訓異字)を書きなさい。(5点×9)

(1) □が満ちる。〔塩〕〔　　〕
(2) 父に□る。〔煮る〕〔　　〕
(3) 前歯が□ける。〔駆ける〕〔　　〕
(4) 年賀状を□る。〔擦る〕〔　　〕
(5) 失敗を□める。〔攻める〕〔　　〕
(6) 酒に水が□ざった。〔交ざる〕〔　　〕
(7) ヒットを□つ。〔討つ〕〔　　〕
(8) 長い年月を□る。〔減る〕〔　　〕
(9) 人家が□える。〔耐える〕〔　　〕

2 次の――線のカタカナを漢字に直しなさい。(5点×11)

(1)
A 文章を**ネ**る。〔　　〕
B 夜は早く**ネ**る。〔　　〕

(2)
A **トモ**に戦う。〔　　〕
B 貴人のお**トモ**をする。〔　　〕

(3)
A 国に税金を**オサ**める。※□入。〔　　〕
B 武士が国を**オサ**める。〔　　〕
C 学問を**オサ**める。〔　　〕
D 怒りを**オサ**める。〔　　〕

(4)
A 問題の解決に**ツト**める。※□力。〔　　〕
B 運送会社に**ツト**める。〔　　〕
C 委員長を**ツト**める。※任□。〔　　〕

66 送りがな②

合格点 80点
得点　　点
解答 ➡ P.80

1 次の――線の漢字の読みがなを、送りがなに注意して書きなさい。（4点×10）

(1) 敵の計略に陥る。
(2) 友人を嘲る。
(3) 破れた衣服を繕う。
(4) 子供を叱る。
(5) 自らを戒める。
(6) 悪人を懲らしめる。
(7) 応急処置を施す。
(8) 皇帝を畏れる。
(9) 謹んでお受けします。
(10) 足腰を鍛える。

2 次の――線のカタカナを漢字と送りがなに直しなさい。（6点×10）

(1) 帽子を高くホウリ投げる。
(2) 大勢の人でコム。
(3) 過去の秘密をアカス。
(4) 流れにサカラウ。
(5) 不足分をオギナウ。
(6) 良い方向へミチビク。
(7) 暗い道はアブナイ。
(8) ニガイ経験をする。
(9) 高い山がツラナル。
(10) 飛行士をココロザス。

67 複数の読み方をする漢字②

合格点 80点
得点 　点
解答 ➡ P.80

1 次の――線の漢字の読みがなを書きなさい。（4点×25）

(1)
A **貿易**業の父。
B **容易**に答を出す。

(2)
A 我が家の**花嫁**さん。
B 旧家に**嫁**ぐ。

(3)
A ハンカチで汗を**拭**く。
B 涙を**拭**う。

(4)
A **甲乙**つけがたい。
B 船の**甲板**。

(5)
A 五分前に**予鈴**が鳴る。
B **風鈴**の音が涼し気だ。
*「鈴」の訓読みは「すず」。

(6)
A 水たまりの上を**跳**ぶ。
B イルカが高く**跳**ねる。

(7)
A びっくり**仰天**する。
B **信仰**心が厚い。

(8)
A **献血**に協力する。
B 夕食の**献立**を考える。

(9)
A **大蛇**を退治する。
B **蛇足**ながらもう一言。
*「蛇」の訓読みは「へび」。

(10)
A 記憶を**喪失**する。
*「喪」は「なくす」という意味。
B **喪服**を着る。

(11)
A それは**定石**だ。
B **定点**観測をする。

(12)
A **病床**に伏す。
B **苗床**をつくる。
C **床上**まで水につかる。

68 まとめテスト⑦

合格点 80点

得点　　点

解答 ➡ P.80

1 次の――線の漢字の読みがなを書きなさい。（4点×10）

(1) 拙宅においでください。

(2) 愚妹を紹介する。

(3) 無精な性格。

(4) 遺憾に思う。

(5) その湖は景勝地だ。

(6) 申し出を一蹴する。

(7) 虚偽の申告をする。

(8) 友人を嘲る。

(9) 覆面パトカー。

(10) 税が控除される。

2 次の――線のカタカナを漢字に直しなさい。（6点×10）

(1) オクサマは留守です。

(2) リョッカ運動が盛んだ。

(3) ジセイの句を残す。

(4) テンキョする。

(5) キテンのきく人。

(6) イッパン的な話。

(7) リソウが高い。

(8) 先輩にサカらう。

(9) シュウシ一貫させる。

(10) ジョウセキ通りに動く。

69 仕上げテスト①

合格点 80点

得点　　点

解答 ➡ P.80

1 次の――線の漢字の読みがなを書きなさい。（4点×10）

(1) **狙撃**犯を取り逃がす。〔　　〕

(2) グライダーで**滑空**する。〔　　〕

(3) 兄は**凝り性**だ。〔　り　〕

(4) **緻密**に練られた計画。〔　　〕

(5) 主語が**明瞭**だ。〔　　〕

(6) **容赦**なく叱る。〔　　〕

(7) 山の**麓**の村。〔　　〕

(8) **薪能**を鑑賞する。〔　　〕

(9) 父は**寡黙**である。〔　　〕

(10) 社会全体が**疲弊**する。〔　　〕

2 次の――線のカタカナを漢字に直しなさい。（6点×10）

(1) これに**コ**りて改心する。〔　　〕

(2) 最後まで**ネバ**る。〔　　〕

(3) 人を大声で**オド**す。〔　　〕

(4) 仕事が**トドコオ**る。〔　　〕

(5) 小耳に**ハサ**む。〔　　〕

(6) 内戦が**ボッパツ**する。〔　　〕

(7) 姉が**トツ**ぐ日。〔　　〕

(8) 神社に**モウ**でる。〔　　〕

(9) **ヒキン**な例を挙げる。〔　　〕

(10) **ケッシュツ**した人物。〔　　〕

70 仕上げテスト②

合格点 80点
得点 　点
解答 ➡ P.80

1 次の――線の漢字の読みがなを書きなさい。（4点×10）

(1) 物価が**急騰**する。
(2) **鈍重**な性格。
(3) 師への**畏敬**の念。
(4) **童歌**が聞こえる。
(5) 気分が**萎縮**する。
(6) **僅差**で勝つ。
(7) **滑稽**な物語。
(8) **隙間**だらけの家。
(9) **股関節**を傷める。
(10) 任務を**遂行**する。

2 次の熟語は同じ部首の漢字でできています。部首名と読みがなを書きなさい。（8点×5）

部首名　読み

(1) 工作□幾□戒を使う。
(2) □显□閏な地に住む。
(3) □坐□斤してしまう。
(4) □義□生をはらう。
(5) 良き□半□呂を得る。
＊道づれ。

3 次の熟語と組み立てが同じものをあとから選び、選んだ熟語の読みがなを書きなさい。（4点×5）

(1) 不況
(2) 秘策
(3) 攻防
(4) 登山
(5) 微弱

多寡　飢餓　異臭　非礼　就職

解答編

1

❶ (1)ぬ (2)こ (3)ぼうけん (4)かいご (5)にじ (6)しんどう (7)ちぎょ (8)やますそ (9)ころもが (10)こも

❷ (1)頂 (2)殺 (3)秘密 (4)検討 (5)安否 (6)皿洗 (7)恩師 (8)幼 (9)優勝 (10)暮

注意 (4)「検」を「険」としないように。

2

❶(右から順に)
(1)改・解・快・回
(2)胃・異・遺・移
(3)協・胸・境・郷
(4)灯・糖・党・統
(5)将・障・傷・承
(6)鋼・耕・貢・孝

注意 (6)「鉄鉱」と書く熟語もある。

❷ (1)同盟 (2)困難 (3)吸収 (4)対策 (5)拡張 (6)宝庫 (7)出勤

3

❶ (1)なえぎ (2)かか (3)ころ (4)とうげ (5)おせん (6)むじゅん (7)しょうかい (8)こうたく (9)ぎじんほう (10)ゆうれつ

❷ (1)危 (2)閉 (3)省 (4)系列 (5)細 (6)静観 (7)施 (8)有終 (9)尊厳 (10)担任

注意 (8)「優秀」としないように。

4

❶ (1)じゅうにんといろ (2)とどうふけん (3)でんこうせっか (4)いっきょりょうとく (5)いしんでんしん (6)にっしんげっぽ (7)いくどうおん (8)たんとうちょくにゅう

❷(順に) (心↓)配・成・期・接・陸・流・座・話・名・体・雪・料・論・明・熱

5

❶ (1)そうかい (2)ひゆ (3)こうたい (4)ずいひつ (5)けんい (6)しょうち (7)いんぶん (8)けんじつ (9)あいまい (10)あぶらみ

❷ (1)奏者 (2)殺傷 (3)脳波 (4)堂々 (5)縦横 (6)展開 (7)盛 (8)片手間 (9)模写 (10)班長

6

❶ (1)かんわ (2)のうしゅく (3)ひこく (4)ぎょうし (5)じんぞう (6)たぼう (7)れいほう (8)もっきん (9)くし (10)いらい

注意 (7)信仰の対象となっている神聖な山のこと。

❷ (1)いも (2)きば (3)がけ (4)かね (5)かいがら (6)す (7)たきぎ (8)くま (9)ひがさ (10)あや

7

❶ (1)かんげん (2)ろうにん (3)こうれい (4)ていしょう (5)よいん (6)すいせん (7)だれ (8)しぼう (9)かきょう (10)はんか

❷ (1)くさ (2)いつわ (3)あお (4)うかが (5)ふた (6)あわ (7)あざむ (8)いた (9)わ (10)さわ

8

❶
(1)効率　(2)独自
(3)限界　(4)感染
(5)受験　(6)加盟
(7)新鮮　(8)口論
(9)退屈　(10)就職

注意　(2)「独持」としないように。

❷
(1)干　(2)並木
(3)砂　(4)届
(5)穴　(6)蚕
(7)奮　(8)潮
(9)射　(10)米俵

注意　(2)「家並み」は「み」をつける。

9

❶
(1)球根
(2)星座
(3)失礼
(4)辞退
(5)故障
(6)絶海
(7)勤勉
(8)晩春
(9)混乱
(10)補欠

❷
(1)離
(2)情
(3)肌
(4)空
(5)浴
(6)辺
(7)延
(8)異
(9)除
(10)挙

10

❶
(1)扌・摩
(2)忄・恋
(3)糸・紫
(4)車・載
(5)女・妥
(6)刂・分
(7)灬・炊
(8)石・磨
(9)言・誓
(10)犭・献

❷
(1)3・12
(2)7・8
(3)1・6
(4)9・12
(5)6・11
(6)5・7
(7)8・8
(8)9・9
(9)1・5
(10)8・12

11

❶
(1)Aさんいん　Bひかげ
(2)Aかいきん　Bみなさま
(3)Aしっとう　Bしゅうちゃく（しゅうじゃく）
(4)Aりゅうし　Bめしつぶ
(5)Aごてん　Bとのさま
(6)Aちかけい　Bはぐき
(7)Aぜんぷく　Bよこはば
(8)Aせんす　Bおうぎがた
(9)Aきょてん　Bしょうこ
(10)Aくうどう　Bほらあな
(11)Aにゅうわ　Bじゅうなん
(12)Aひろう　Bろてん　Cよつゆ

12

❶
(1)接種
(2)賞状
(3)近郊
(4)琴線
(5)果断
(6)神聖
(7)寝食
(8)観葉
(9)基礎

❷
(1)A交信　B後進
(2)A減量　B原料
(3)A快方　B会報
(4)A起源　B期限
(5)A新調　B身長　C深長

13

❶
(1)送　(2)肥
(3)付　(4)図
(5)閉　(6)飛
(7)取　(8)済
(9)侵

注意　読み方は、
(3)つける
(4)はかる
(8)すむ
(9)おかす

❷
(1)A追　B老
(2)A解　B説
(3)A指　B差
(4)A破　B敗
(5)A断　B絶
C裁

注意　熟語を考える。
(5)A断酒　B絶望　C裁断

14

❶
(1)くま
(2)おく
(3)お
(4)つゆ
(5)いも
(6)しょうこ
(7)たぼう
(8)りゅうし
(9)じゅうなん
(10)ひろう

❷
(1)破　(2)届
(3)済　(4)収
(5)起源　(6)接種
(7)新鮮　(8)無効
(9)神聖　(10)基礎

注意　(4)「治・納・修」としないように。
(9)清らかで、けがれのないこと。

15

❶
(1)ふうさ
(2)ぼっぱつ
(3)まゆげ
(4)ふにん
(5)ばせい
(6)かんどう
(7)こだい
(8)かわぶくろ
(9)そくばく
(10)ゆうべん

❷
(1)とう
(2)たくわ
(3)と
(4)はげ
(5)ぶさた
(6)にお
(7)たなあ
(8)は
(9)なな
(10)う

注意
(2)を「畜」と書きやすい。
(3)「取・捕・獲」としない。

16

❶
(1)しふく
(2)どごう
(3)きゃくほん
(4)めんぜい
(5)ちつじょ
(6)とつぜん
(7)とうじょう
(8)ゆいいつ
(9)ちょうもん
(10)へんせん

注意
(1)対義語は「雄飛」。

❷
(1)いや
(2)しもばしら
(3)あつか
(4)あこが
(5)こうむ
(6)もど
(7)つ
(8)おおまた
(9)かま
(10)ことぶき

17

❶
(1)謝罪
(2)価値観
(3)頑健
(4)衛星
(5)拡散
(6)雑誌
(7)存在
(8)処置
(9)負傷
(10)蒸気

注意
(2)「価値感」は誤り。

❷
(1)迷
(2)背
(3)究
(4)熟
(5)効
(6)侵
(7)我
(8)整
(9)絶
(10)湯

18

❶
(1)観覧
(2)胃腸
(3)純真
(4)師弟
(5)方針
(6)政策
(7)視察
(8)養蚕
(9)除外
(10)批判

❷
(1)裏山
(2)易
(3)宝物
(4)編
(5)討
(6)半
(7)痛
(8)飼
(9)栄
(10)垣根

注意
(5)「撃」は、鉄砲などで目的物に当てること。「討」が正しい。

19

❶
(1)麻＋手
(2)走＋刀＋口
(3)才＋斤＋辶
(4)馬＋又＋虫
(5)穴＋身＋弓
(6)雨＋木＋目

❷
(1)鉄棒
(2)吐息
(3)論破
(4)柔軟
(5)睡眠
(6)霧笛

❸（順不同）
(1)察・消・陽
(2)場・仮・払
(3)袋・販・例
(4)敵・海・枯
(5)鏡・体・地

注意
これら以外の漢字もあります。

20

❶
(1)させん・ほさ
(2)たんにん・だいたん
(3)かいさつ・そぼく
(4)さくじつ（きのう）・さしゅ
(5)ぼしょ・ぼしょく
(6)ふんか・こふん
(7)いっち・しきゅう

❷（順不同）
(1)女王（王女）・生木・古里
(2)日直・生糸・善人
(3)虫干（し）・雨天・水路
(4)昔日・正月・金言

❸
(1)逸脱 (2)喚問
(3)閲覧

注意
「越境」が余る。

21

❶
(1)改
(2)参
(3)予
(4)項
(5)望
(6)境
(7)感
(8)作
(9)細
(10)検

❷
(1)分別
(2)死去
(3)病人
(4)向上
(5)決心
(6)不足
(7)用心
(8)要点
(9)専心
(10)観覧

22

❶
(1)定
(2)対
(3)然
(4)意
(5)唱
(6)点
(7)動
(8)接
(9)告
(10)信

❷
(1)解放
(2)集合
(3)短縮
(4)混乱
(5)自然
(6)革新
(7)危険
(8)加入
(9)公開
(10)平等

23

❶
(1)ばせい
(2)へんせん
(3)ぼっぱつ
(4)じゅみょう
(5)もっぱ
(6)は
(7)とうじょう
(8)けんお
(9)さた
(10)そくばく

❷
(1)整列
(2)分別
(3)衛星
(4)雑誌
(5)効
(6)向上
(7)手編
(8)革新
(9)我々
(10)湯

注意 (5)「利《き》く」と区別しよう。

24

❶
(1)あいさつ
(2)しょうじん
(3)ばくが
(4)したく
(5)かっとう
(6)きし
(7)ごういん
(8)ざしょう
(9)いけい
(10)すいこう

注意 (4)「仕度」とも書く。

❷
(1)うつわ
(2)おこた
(3)ととの
(4)いろど
(5)お
(6)ひ
(7)わ
(8)み
(9)い
(10)いまし

25

❶
(1)しんく
(2)ていさい
(3)そうかつ
(4)あいとう
(5)けいそつ
(6)がんゆうぶつ
(7)こうしき
(8)だんがい
(9)よぎ
(10)かいしょ

注意 (4)「悼」を「たく」とよまない。

❷
(1)いちじる
(2)きた
(3)あきな
(4)すた
(5)あやつ
(6)こ
(7)きた
(8)はか
(9)なぐ
(10)かたよ

26

❶
(1)任意
(2)失火
(3)立証
(4)取捨
(5)因習
(6)英断
(7)肥満
(8)印象
(9)相棒
(10)朗読

❷
(1)勇
(2)灰色
(3)米倉（米蔵）
(4)要
(5)推
(6)味覚
(7)刷
(8)探
(9)殊
(10)札

注意 (5)「押す」としないように。

27

❶
(1)暴走
(2)探索
(3)許可
(4)決行
(5)予断
(6)社運
(7)思案
(8)成敗
(9)走破
(10)欠損

注意 (5)「余談」としない。

❷
(1)率
(2)筆
(3)染
(4)風下
(5)骨身
(6)背負
(7)居心地
(8)掃除
(9)帯番組
(10)狂

28

❶
(1)あわ
(2)すみ
(3)おくめん
(4)けず
(5)とうげ
(6)しぼ
(7)つ
(8)はくしゃ
(9)つぶ
(10)はさ

注意 (3)「臆」は「臆病」などと用いる。

❷
(1)鼻
(2)目
(3)胸
(4)頭
(5)足
(6)腹
(7)耳
(8)舌
(9)歯
(10)口

29

❶
(1)たましい
(2)お
(3)くさ
(4)うで
(5)かく
(6)へた
(7)か
(8)こういん
(9)やなぎ
(10)しょうじ

❷
(1)門
(2)方便
(3)固
(4)飼
(5)果報
(6)触
(7)異
(8)歯
(9)煙
(10)非難

注意
(1)「角」としない。
(6)「障らぬ」としないように。

30

❶
(1)Aしゅうかん　Bかんしゅう
(2)Aらっか　Bげらく
(3)Aあいて　Bてそう
(4)Aてばた　Bきしゅ
(5)Aとうじつ　Bにっとう

❷
(1)実現
(2)配分
(3)事故
(4)作動
(5)製作
(6)育成
(7)論議
(8)転回
(9)情愛
(10)演出

注意
全て逆さでも熟語となる。

31

❶
Aじどう
Bしゅしゃ
Cさきゅう
Dせんがん
Eこうえい
Fみてい
Gてんてん
Hたんてき

❷
(1)読書・D
(2)鉄橋・C
(3)別々・G
(4)善悪・B
(5)美化・H
(6)早速・A
(7)最良・C
(8)第二・H
(9)不在・F
(10)雷鳴・E

注意
(10)「雷が鳴く」で主語と述語の関係

32

❶
(1)しょうじん
(2)きし
(3)すいこう
(4)たんれん
(5)ていさい
(6)だんがい
(7)あいとう
(8)けいそつ
(9)こうしき
(10)あいぼう

❷
(1)腹痛
(2)印象
(3)果報
(4)任意
(5)名札
(6)骨身
(7)暴走
(8)成敗
(9)転居
(10)方便

33

❶
(1)保管
(2)夫妻
(3)立憲
(4)机上
(5)救済
(6)困難
(7)汽笛
(8)紀行
(9)徒党
(10)服用

注意
(8)「寄稿」「帰港」「起工」としない。

❷
(1)梅干
(2)街角
(3)的外
(4)預
(5)険
(6)絵巻物
(7)応
(8)囲
(9)確信
(10)幾度

34

❶
(1)無愛想
(2)博識
(3)由来
(4)商談
(5)独特
(6)至難
(7)樹液
(8)劇的
(9)絶滅
(10)収縮

注意
(8)「激的」は誤り。

❷
(1)激
(2)刻
(3)快
(4)覚
(5)試
(6)湯水
(7)練
(8)墓穴
(9)裏通
(10)招

35

❶
(1)しゅうりょう
(2)たいせき
(3)てんか
(4)けいよう
(5)どうけつ
(6)ぞうしょく
(7)かんだい
(8)たんどく
(9)そし
(10)きそ

❷
(1)愛好
(2)安易
(3)調整
(4)優秀
(5)豊富
(6)記述
(7)倉庫
(8)満足
(9)創造
(10)価値

36

❶
(1) のうたん
(2) せいすい
(3) きょじつ
(4) かんきゅう
(5) しゅつぼつ
(6) しんぎ
(7) だくひ
(8) こうぼう
(9) せいだく
(10) しんたい

❷
(1) 乗降
(2) 苦楽
(3) 利害
(4) 自他
(5) 増減
(6) 損得
(7) 公私
(8) 動静
(9) 断続
(10) 授受

注意
(10)「受授」としないように。

37

❶
(1) させん
(2) だそく
(3) はいすい
(4) けいせつ
(5) かんぺき
(6) むじゅん
(7) つうはん
(8) じたん
(9) とくさつ
(10) ちさい

❷
(1) 圧巻
(2) 助長
(3) 図工
(4) 模試
(5) 選管
(6) 農協
(7) 国体
(8) 国連
(9) 民放
(10) 原発

38

❶ (順不同)
Aしょうちくばい・じょはきゅう　Bさいせんたん・びせいぶつ　Cかいぼうがく・すいじがかり　Dむひょうじょう・みかいはつ　Eくつじょくてき・じじつじょう

❷
(1) 衣食住
(2) 市町村
(3) 初対面
(4) 副班長
(5) 学習塾
(6) 百貨店
(7) 不作法
(8) 非公開
(9) 映画化
(10) 運搬用

39

❶ (順不同)
Aあくせんくとう・じぼうじき　Bいっちょういったん・しんしょうぼうだい　Cせきにんてんか・ごんごどうだん　Dかげんじょうじょ・きどあいらく

❷
(1) 自足・A
(2) 大器・C
(3) 転結・D
(4) 弱肉・B
(5) 東西・D
(6) 完全・A
(7) 有名・B
(8) 危機・C
(9) 絶体・A
(10) 単刀・C

注意
(9)「絶対」としないように。

40

❶
(1) のじゅく・B
(2) ねむけ・B
(3) ほんごし・A
(4) かげえ・B
(5) てんまど・A
(6) りょううで・A
(7) やくどし・A
(8) ぬまち・B
(9) ろばた・A

❷
(1) 毎月
(2) 雑木
(3) 味方
(4) 新芽
(5) 古本
(6) 夕刊
(7) 値段
(8) 雨具
(9) 合図
(10) 裏門
(11) 昔風

41

❶
(1) てんかぶつ
(2) くつじょくてき
(3) てんか
(4) あんい
(5) ほんごし
(6) せいだく
(7) とくさつ
(8) やくどし
(9) だくひ
(10) たいせき

❷
(1) 真偽
(2) 自給
(3) 晩成
(4) 直入
(5) 加減
(6) 豊富
(7) 雑木林
(8) 確信
(9) 練
(10) 墓穴

42

❶
(1) ぎだ
(2) ごうう
(3) そうおん
(4) しょくたく
(5) こうか
(6) えんじん
(7) しし
(8) ねんど
(9) かだん
(10) きゃくりょく

❷
(1) 曲線
(2) 激痛
(3) 親友
(4) 暖流
(5) 良書
(6) 車窓
(7) 寝室
(8) 湿気
(9) 善意
(10) 別冊

43

❶
(1)びぞう
(2)どくせん
(3)じきひつ
(4)しゅくえん
(5)こうけい
(6)せいそう
(7)じょこう
(8)けびょう
(9)せいかん
(10)せんく

❷
(1)予測
(2)南下
(3)暴発
(4)最新
(5)仮定
(6)再会
(7)図示
(8)早退
(9)自動
(10)外出

44

❶
(1)ふくさよう
(2)どりょうこう
(3)こうれいか
(4)もうはんげき
(5)むていこう
(6)きせきてき
(7)ごけっこん
(8)そうがんきょう
(9)しんぜんび
(10)けいこうとう

❷
(1)名人芸
(2)雪月花
(3)管楽器
(4)新連載
(5)悪天候
(6)閲覧室
(7)必然性
(8)政府筋
(9)門外漢
(10)紅一点

45

❶
(1)いちぶしじゅう　(2)ふげんじっこう　(3)いきしょうちん　(4)がでんいんすい　(5)しゅんかしゅうとう　(6)せいせいどうどう　(7)ここんとうざい　(8)いくどうおん　(9)ちゅうとはんぱ

❷
(1)一喜　(2)自賛
(3)心機　(4)整然
(5)天外　(6)半疑
(7)無量　(8)雨読
(9)布告　(10)不断
(11)八倒

注意　(5)「転外」としないように。

46

❶
(1)エ　(2)ウ
(3)エ　(4)イ
(5)イ　(6)カ
(7)オ　(8)ウ
(9)ウ　(10)イ
(11)カ　(12)エ
(13)ア　(14)オ
(15)イ

❷
(1)紙袋
(2)初恋
(3)背骨
(4)双子
(5)灰色
(6)小銭
(7)公園
(8)車座
(9)姿勢
(10)下手
(11)八百屋

注意　(2)「初」の「はつ」の読みは訓。

47

❶
(1)つらぬ
(2)うった
(3)いつわ
(4)おとろ
(5)ただよ
(6)かたよ
(7)さまた
(8)おさ
(9)こ
(10)あま

❷
(1)敬う
(2)味わう
(3)供える
(4)尊ぶ
(5)量る
(6)確かめる
(7)浴びる
(8)失う
(9)改める
(10)試みる

48

❶
(1)さい　(2)がい
(3)そ　(4)てき
(5)ま　(6)ほ
(7)ぼう
(8)ひょう
(9)しん　(10)そう
(11)ちょう

注意　(11)の読み方は、特徴＝とくちょう　懲戒＝ちょうかい

❷
(1)A版　B板
(2)A績　B積
(3)A系　B係
(4)A講　B構
(5)A敵　B適
(6)A腹　B福
(7)A波　B破

注意　(2)は「糸（いとへん）」と「禾（のぎへん）」の区別をはっきりさせる。

49

❶
(1)Aしょさい　Bいっせい
(2)Aあみど　Bつなわた
(3)Aせっぱん　Bきがん　Cぶんせき
(4)Aようち　Bせんい　Cゆうが

❷
(1)A署名　B著名
(2)A勝因　B困難
(3)A迷信　B述語
(4)A資質　B雑貨　C賃貸　D協賛

50

❶
(1) いっせい
(2) ねんちゃく
(3) すいてき
(4) きょうだん
(5) ぼうがい
(6) えん
(7) せいそう
(8) しょさい
(9) けびょう
(10) きゃくほんか

❷
(1) 勝因
(2) 敬
(3) 双子
(4) 半信半疑
(5) 早退
(6) 門外漢
(7) 雑貨
(8) 困難
(9) 車窓
(10) 奇想天外

51

❶
(1) むしゅう
(2) みすい
(3) ふきょう
(4) ひにん
(5) むじゃき
(6) ふめつ
(7) ひぼん
(8) みこん
(9) ふきつ
(10) むえん

❷
(1) 未知
(2) 不服
(3) 非力
(4) 無断
(5) 不可欠
(6) 否決
(7) 未熟
(8) 無難
(9) 非常
(10) 無効

52

❶
(1) おんきょう
(2) にちぼつ
(3) ようつう
(4) らいめい
(5) じしん
(6) こうえい
(7) ゆうゆう
(8) びび
(9) すみずみ
(10) ちち

❷
(1) 私設
(2) 人造
(3) 骨折
(4) 日照
(5) 県立
(6) 黙々
(7) 延々
(8) 再々
(9) 多々
(10) 刻々

53

❶
(1) ぬす
(2) かた
(3) か
(4) さわ
(5) ひく
(6) に
(7) ふ
(8) あら
(9) にぎ

❷
(1) 青筋
(2) 背
(3) 朝飯前
(4) 節穴
(5) 苦肉
(6) 裏目
(7) 治（収）
(8) 看板
(9) 粉
(10) 承知
(11) 一角

54

❶
(1) こうかい
(2) さいげつ
(3) いっけん
(4) うおごころ
(5) こころざし
(6) だんご
(7) たしょう
(8) しそん
(9) にく
(10) も

注意 (7)の「多生」は、書く場合に「多少」としないように。「多生の縁」は、前世の因《いん》縁《ねん》という意味。

❷
(1) 笛
(2) 念仏
(3) 小判
(4) 悪銭
(5) 筆
(6) 転
(7) 帯
(8) 金棒
(9) 功名
(10) 案

55

❶
(1) きかい
(2) きょじゅう
(3) れいぎ
(4) りべつ
(5) しゅっけ
(6) せぞく
(7) ちゅうと
(8) べっかく
(9) ぜいかん
(10) りべん

注意 逆さにすると、(5)「家出（いえで）」のように、音訓が変わるものもある。

❷
(1) 和平
(2) 質素
(3) 機転
(4) 筋道
(5) 性急
(6) 習慣
(7) 見識
(8) 分身
(9) 祖先
(10) 長身

56

❶
(1) えがお
(2) おじ
(3) もみじ
(4) つゆ
(5) かな
(6) すもう
(7) しばふ
(8) はたち
(9) おば
(10) くだもの

❷
(1) もめん
(2) まいご
(3) ゆくえ
(4) たなばた
(5) ここち
(6) かわら
(7) まじめ
(8) かぜ
(9) じょうず
(10) めがね

57

❶
(1)とびら
(2)おうぎ
(3)かた
(4)じく
(5)はだか
(6)しずく
(7)うるし
(8)くし
(9)なまり
(10)つぶ
(11)けもの
(12)すず
(13)くじら
(14)たきぎ

❷
(1)箱 (2)私
(3)段 (4)巣
(5)束 (6)桜
(7)夢 (8)嵐
(9)器 (10)姿
(11)宝

58

❶
(1)ふうてい・イ
(2)かんじょう・ウ
(3)づか・ア
(4)わんきょく・エ
(5)はら・ウ
(6)きせい・ア
(7)し・イ
(8)あいだがら・ウ
(9)どうくつ・ア
(10)しりょ・エ
(11)みどりいろ・イ

❷
(1)ウ (2)イ
(3)エ (4)ア

59

❶
(1)しばふ
(2)まじめ
(3)もめん
(4)ふきつ
(5)みすい
(6)ひりき
(7)ふめつ
(8)ゆうりゅう
(9)わんがん
(10)かんぜい

❷
(1)かんじょう
(2)うるし
(3)に
(4)にぎ
(5)いちじる
(6)ふ
(7)みすい
(8)たきぎ
(9)も
(10)けもの

60

❶
(1)ぐじょ
(2)ほうめい
(3)おんれい
(4)ぶしょう
(5)いぜん
(6)まんせい
(7)てきがた
(8)いっしゅう
(9)ぞっか
(10)せつぶん

注意
(3)「おれい」としないように。

❷
(1)諸君
(2)令息
(3)平然
(4)貴社
(5)真昼
(6)奥様
(7)質的
(8)緑化
(9)適性
(10)雑然

61

❶
(1)ばつぐん
(2)せんすい
(3)ようとん
(4)ついせき
(5)けんしょく
(6)じゅうでん
(7)ほきゅう
(8)ふくめん
(9)ちこく
(10)たいか

❷
(1)投票
(2)挙手
(3)辞世
(4)育児
(5)修学
(6)転居
(7)登頂
(8)退院
(9)帰宅
(10)発熱

62

❶
(1)名
(2)厳
(3)愛
(4)異
(5)散
(6)失
(7)圧
(8)除
(9)企
(10)績

❷
(1)尾行
(2)機知
(3)由来
(4)混雑
(5)統治
(6)器量
(7)使命
(8)所得
(9)専有
(10)残念

注意
(9)「占有」としないように。

63

❶
(1)質
(2)過
(3)海
(4)接
(5)熟
(6)任
(7)財
(8)常
(9)文
(10)観

❷
(1)一般
(2)温暖
(3)密集
(4)感情
(5)劣勢
(6)借用
(7)理想
(8)真実
(9)個人
(10)複雑

64

❶ (1)重体（重態） (2)遺児 (3)成功 (4)注射 (5)点火 (6)航海 (7)景勝 (8)保証 (9)反映

注意 (8)「保障」としないように。

❷ (1)A過程 B仮定 (2)A収支 B終始 (3)A並行 B閉口 (4)A器官 B期間 (5)A冬至 B湯治 C当時

65

❶ (1)潮 (2)似 (3)欠 (4)刷 (5)責 (6)混 (7)打 (8)経 (9)絶

❷ (1)A練 B寝 (2)A共 B供 (3)A納 B治 C修 D収 (4)A努 B勤 C務

66

❶ (1)おちい (2)あざけ (3)つくろ (4)しか (5)いまし (6)こ (7)ほどこ (8)おそ (9)つつし (10)きた

❷ (1)放り (2)混む (3)明かす (4)逆らう (5)補う (6)導く (7)危ない (8)苦い (9)連なる (10)志す

注意 (10)名詞は「志《こころざし》」。

67

❶ (1)Aぼうえき Bようい (2)Aはなよめ Bとつ (3)Aふ Bぬぐ (4)Aこうおつ Bかんぱん (5)Aよれい Bふうりん (6)Aと Bは (7)Aぎょうてん Bしんこう (8)Aけんけつ Bこんだて (9)Aだいじゃ Bだそく (10)Aそうしつ Bもふく (11)Aじょうせき Bていてん (12)Aびょうしょう Bなえどこ Cゆかうえ

注意 (7)「仰」は「あお（ぐ）」と訓読みする。

68

❶ (1)せったく (2)ぐまい (3)ぶしょう (4)いかん (5)けいしょう (6)いっしゅう (7)きょぎ (8)あざけ (9)ふくめん (10)こうじょ

❷ (1)奥様 (2)緑化 (3)辞世 (4)転居 (5)気転（機転） (6)一般 (7)理想 (8)逆 (9)終始 (10)定石（定跡）

69

❶ (1)そげき (2)かっくう (3)こ（り）しょう (4)ちみつ (5)めいりょう (6)ようしゃ (7)ふもと (8)たきぎのう (9)かもく (10)ひへい

❷ (1)懲 (2)粘 (3)脅 (4)滞 (5)挟 (6)勃発 (7)嫁 (8)詣 (9)卑近 (10)傑出

70

❶ (1)きゅうとう (2)どんじゅう (3)いけい (4)わらべうた (5)いしゅく (6)きんさ (7)こっけい (8)すきま (9)こかんせつ (10)すいこう

❷ (1)きへん・きかい (2)さんずい・しつじゅん (3)てへん・ざせつ (4)うしへん・ぎせい (5)にんべん・はんりょ

❸ (1)ひれい (2)いしゅう (3)たか (4)しゅうしゅうしょく (5)きが